朝さっと作る
お弁当
125

ベターホーム協会

INDEX

肉のおかず　11

とり肉
- とり肉の青のりから揚げ …… 12
- とり肉のみそ照り焼き …… 14
- とり肉のマーマレード照り焼き …… 15
- とり肉のピリリ焼き …… 16
- タンドリーチキン …… 17
- チキン南蛮 …… 18
- とり肉のナッツ炒め …… 20
- とり肉とアスパラガスのマヨ炒め …… 21
- ささみのチーズピカタ …… 22
- ささみの利休焼き …… 24
- ささみの梅照り焼き …… 25

豚肉
- 豚肉のしょうが焼き …… 26
- ぽん酢で酢豚 …… 28
- 豚肉のみそ炒め …… 30
- 豚肉のマリネ風炒め …… 31
- 豚肉のカリカリ揚げ …… 32
- パプリカチーズの肉巻き …… 34
- かぼちゃの肉巻き …… 35
- ヒレ肉の粒マスタードソテー …… 36
- ヒレ肉のゆずこしょう焼き …… 37
- ゆで豚のぽん酢あえ …… 38
- ゆで豚のごまマヨだれ …… 39

牛肉
- オクラの肉巻き …… 44
- チンジャオロースー …… 46
- 牛肉のプルコギ風 …… 48
- 牛肉のねぎごまあえ …… 49
- ハッシュドビーフ …… 50
- 牛肉のすき煮 …… 52
- 牛肉とセロリのきんぴら味 …… 53

ひき肉
- コーンハンバーグ …… 54
- ドライカレー …… 56
- 韓国風そぼろ …… 57
- しいたけの肉詰め …… 58
- なす入り甘からつくね …… 60
- えのき入りみそつくね …… 61
- とりそぼろ …… 62

缶詰・練りもの・豆・大豆製品のおかず　63

ツナ缶詰	ピーマンのツナ詰め	64
	ツナのふわふわナゲット	66
ちくわ	ちくわのいかもどき	68
	ちくわとピーマンのみそ炒め	69
はんぺん	はんぺんのしそチーズサンド	70
きんとき豆	かんたんチリコンカン	72
大豆	大豆とさつま揚げの甘から煮	73
油揚げ	油揚げのチャンプルー	74
	小松菜のきつね巻き	75
厚揚げ	厚揚げマーボーどうふ	76

魚介のおかず　89

さけ	さけの磯辺焼き	90
	さけのハーブパン粉焼き	92
	さけの竜田揚げ	94
	さけのマヨみそ焼き	95
白身魚	白身魚のカレームニエル	96
	白身魚の変わり揚げ	98
	白身魚のソテー 梅ソース	100
	白身魚のしそ巻き天ぷら	101
ぶり	ぶりのぽん酢照り焼き	102
	ぶりの韓国風照り焼き	103
まぐろ	まぐろのオイスター風味	104
	まぐろの南蛮漬け	105
えび	えびのケチャップ炒め	106
	えびのかき揚げ	108
	えびとブロッコリーの塩炒め	109
シーフードミックス	シーフードのすし酢マリネ	110
ほたて	ほたてのマヨしょうゆ焼き	112
	ほたてのコーン炒め	113

卵のおかず　121

卵	にんじんオムレツ	122
	パセリチーズオムレツ	123

野菜のおかずの色をアイコンで示しています。　●赤　●黄　●緑　○白　●黒　●茶

卵	しらす卵焼き	124
	なめたけ卵焼き	125
	青のり卵焼き	125
	コーンいり卵	126
	かに玉風いり卵	127
	かんたんキッシュ	128
	卵の袋煮	129
うずら卵	うずら卵のカレーしょうゆ煮	130

野菜のおかず　131

● にんじん	にんじんとツナのサラダ	132
	にんじんのごまみそあえ	133
	にんじんのソース炒め	134
	にんじんの梅サラダ	135
● ミニトマト	ミニトマトの塩こんぶ風味	136
	ミニトマトのハニーピクルス	137
● パプリカ	パプリカのくたくた煮	138
	パプリカの粒マスタードあえ	138
	パプリカのピーナッツあえ	139
	焼きパプリカのマリネ	139
● かぼちゃ	かぼちゃの煮つけ風	140
	シナモンかぼちゃ	141
● さつまいも	さつまいものオレンジジュース煮	142
	さつまいものピリ辛煮	143
	さつまいものごま塩炒め	144
● じゃがいも	じゃがいものベーコン炒め	145
	揚げないポテト	146
	レンジで粉ふきいも	147
	かんたん肉じゃが	148
	じゃがいものカレー煮	149
● ピーマン	ピーマンのじゃこ炒め	154
	ピーマンとソーセージのケチャップ炒め	155
● アスパラガス	アスパラガスのオイスター炒め	156
	アスパラガスのおかかまぶし	157
● さやいんげん	さやいんげんのごまマヨあえ	158
	さやいんげんの梅煮	159
● ゴーヤ	ゴーヤと桜えびの炒めもの	160

● オクラ	オクラのわさびじょうゆあえ	161
	オクラのみそコーン炒め	161
● ブロッコリー	ブロッコリーのからしあえ	162
	ブロッコリーのチーズ焼き	163
● 小松菜	小松菜としめじのぽん酢炒め	164
	小松菜のピリ辛炒め	165
● キャベツ	キャベツのカレー炒め	166
	キャベツとコンビーフのレンジ蒸し	167
	キャベツのナムル	167
○ れんこん	れんこんのかか煮	168
	甘酢れんこん	169
○ かぶ	かぶのオイルマリネ ゆずこしょう風味	170
	かぶのめんたい炒め	171
○ だいこん	だいこんのきんぴら	172
○ 長いも	長いものゆかりあえ	173
	長いものごまみそ焼き	173
● なす	なすのケチャップ煮	174
	なすのベーコン焼き	175
● ごぼう	たたきごぼうのサラダ	176
	ごぼうの甘辛焼き	177
● きのこ	しいたけのソテー	178
	しいたけのマヨコーン焼き	179
	きのこのしょうが風味	180
	きのこのマリネ	181

Column

朝さっと、お弁当を作るには	6
お弁当おかずの詰め方5つのコツ	8
楽しく食べられるちびっ子弁当／よくばり女子のヘルシー弁当	40
あると便利なお弁当カップ いろいろ	77
まとめて＆並行調理で もっと時短！	78
夕ごはん→お弁当のラクラクアレンジ	82
一品弁当	114
春のうきうきピクニック弁当／秋のぜいたく紅葉狩り弁当	150
あると便利なStockおかず・食材	182

食塩相当量一覧	190

作りおきに頼らず
朝さっと、お弁当を作るには

❶ ミニフライパンやトースター、レンジを活用します

少量のおかずを作るなら、調理器具もミニサイズを。調理中に手を離せる、オーブントースターやグリル、電子レンジも便利。

直径約20cmの
ミニフライパン

卵1個分の
卵焼き器

ほったらかしで
OK

❷ 使う食材の種類をなるべくおさえます

食材が増えると、その分下ごしらえの手間も増えます。この本では、少ない食材でおいしく作れるようにレシピを工夫しました。

えびと

＋

たまねぎ
だけで

＞＞＞

えびのケチャップ炒め
(p.106)

❸ **ときには市販のチューブ入りしょうがや合わせ調味料にも頼ります**

すぐに使えるチューブ入りのおろししょうがや、味つけに便利な合わせ調味料は、忙しい朝の味方。市販品もかしこく使いましょう。

すりおろす手間いらず

1本で味が決まる！

❹ **あと片付けにも配慮します**

揚げものは、小さめのフライパンを使い、少ない油で揚げ焼きに。残った油はペーパータオルでふくだけで、ラクに片付けられます。

ペーパーでふきとるだけ

少ない油で揚げ焼きに

お弁当おかずの詰め方 5つのコツ

❶
ごはんとおかずは半分ずつ

❷
おかずは、主菜1品＋副菜1〜2品

❸
赤・黄・緑・白・茶（黒）をバランスよく

見ばえがよく、自然と栄養バランスもととのいます
（p.131〜では、野菜のおかずを色別に紹介しています）。

　赤　　　黄　　　緑　　　白　　　茶

❹
味つけが重ならないように

〈甘い・からい・すっぱい〉〈濃い味・うす味〉など、味に変化をつけます。

❺
さましてから詰める

温かいうちに詰めると、お弁当の中がむれてしまい、
いたみやすくなってしまいます。

 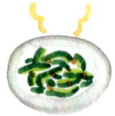

この本の表記について

計量の単位	大さじ1＝15mℓ　小さじ1＝5mℓ mℓ＝cc
電子レンジ	加熱時間は500Wのめやす時間です。 600Wなら加熱時間を0.8倍、 700Wなら加熱時間を0.7倍にしてください。
グリル	予熱の要、不要は、取り扱い説明書に従います。 片面グリルの場合は、途中で上下を返してください。
フライパン	表記があるもの(p.182～187)以外は、小さめ（直径約20cm）のフッ素樹脂加工フライパンを使っています。 特に指定がない場合は、大きめのフライパンでも作れますが、こげやすくなるので注意しましょう。
スープの素	ビーフやチキンなど味はお好みで。 味見をして、塩分などを調整しましょう。
レシピの分量	表記があるもの(p.182～187)以外は、 すべて1食分の材料です。 分量は、年齢や食べる量によって加減してください。
調理時間	表記があるもの(p.182～187)以外は、 すべて10分以内で作れます。

マークについて

- **レンジ** 電子レンジだけで作れます
- **トースター** オーブントースターやグリルだけで作れます
- **子ども** 子どもにおすすめのおかずです

肉のおかず

肉のおかず / とり肉

とり肉の青のりから揚げ

お弁当といえば、まずはコレ！　青のりが食欲をそそります

　253kcal
子ども

材料

とりもも肉	80g
A　しょうゆ・みりん	各小さじ1
かたくり粉	大さじ1
サラダ油	大さじ3
B　青のり・塩	各少々

作り方

1　とり肉は厚い部分を切り開いて、4等分のそぎ切りにし、A をもみこむ。

2　1の汁気をペーパータオルでふきとり、かたくり粉をまぶす。

3　小さめのフライパンに油を温め、肉を中火で3～4分揚げ焼きにする（時々上下を返す）。油をきり、B をふる。

 朝から揚げものは面倒…という方も、少量の油ですむ"揚げ焼き"なら手軽にできます。小さめのフライパンを使い、肉などの材料は薄めのそぎ切りにするのがコツ。火が通りやすく、揚げ時間を短縮できます。

とり肉の青のりから揚げ

にんじんの
梅サラダ(p.135)
39kcal

かんたんキッシュ
(p.128・写真は1個分)
105kcal

肉のおかず / とり肉

とり肉のみそ照り焼き

定番おかずに、みそを加えてこっくりと

161kcal

材料

- とりもも肉 …………… 60g
- ねぎ ………………… 10cm
- サラダ油 ……… 小さじ1/2
- A
  - 砂糖・みそ・しょうゆ
    ………… 各小さじ1
  - 水 ………… 小さじ2

作り方

1. ねぎは4等分に切る。とり肉は厚い部分を切り開いて、ひと口大のそぎ切りにする。Aは合わせる。

2. フライパンに油を温め、肉を皮側を下にして入れ、中火で焼く。焼き色がついたら裏返し、ねぎを加えて2〜3分焼く。

3. 端に寄せ、フライパンの脂をペーパータオルでふく。Aを加え、汁気がなくなるまで煮からめる。

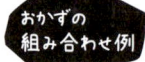
おかずの組み合わせ例
しらす卵焼き(p.124)＋アスパラガスのおかかまぶし(p.157)

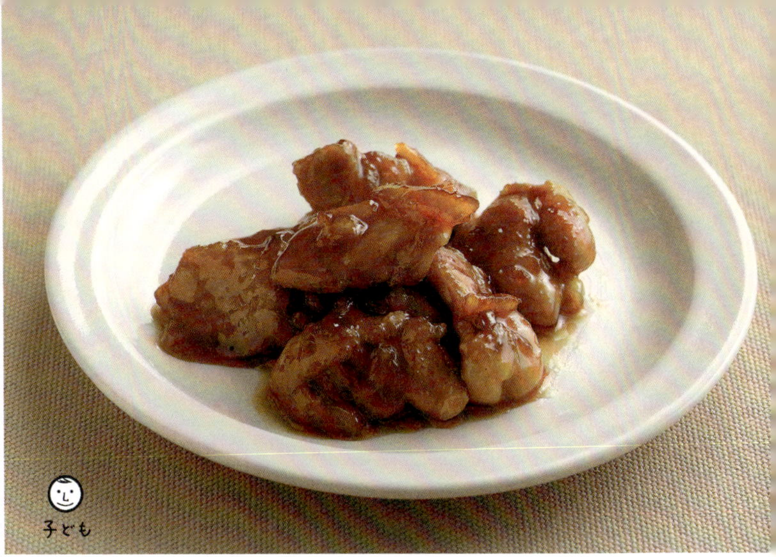

とり肉のマーマレード照り焼き

こちらの照り焼きは、マーマレードでさわやかに

225kcal

材料

とりもも肉……………80g
サラダ油………小さじ1/2
A オレンジマーマレード……………大さじ1
A しょうゆ・酒…………各小さじ1

作り方

1 とり肉は厚い部分を切り開いて、ひと口大のそぎ切りにする。Aは合わせる。

2 フライパンに油を温め、肉を皮側を下にして入れ、中火で焼く。焼き色がついたら、裏返して2〜3分焼く。

3 端に寄せ、フライパンの脂をペーパータオルでふく。Aを加え、汁気がなくなるまで煮からめる。

おかずの組み合わせ例

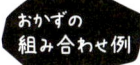

パプリカのピーナッツあえ(p.139)＋ゆでブロッコリー

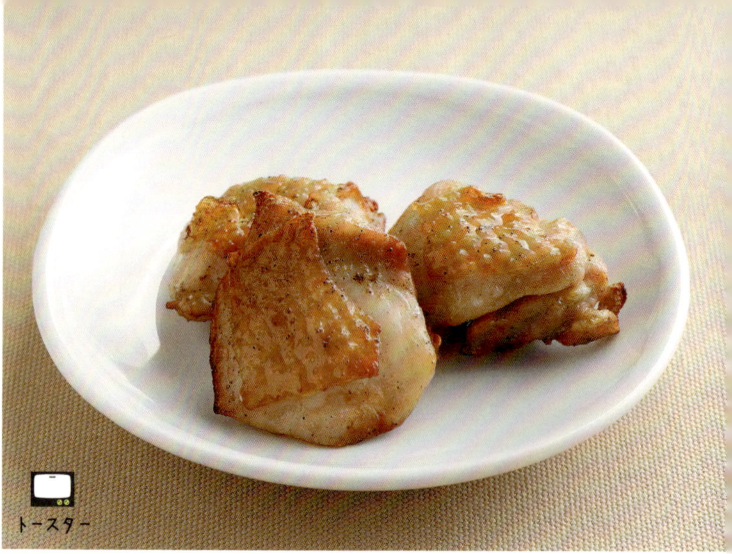

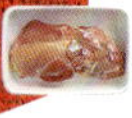

とり肉のピリリ焼き

山椒でピリリ。七味とうがらしや一味とうがらしをふっても◎

165kcal

材料

とりもも肉……………80g

A
- 塩…………小さじ1/6
- 粉山椒（ざんしょう）……小さじ1/3
- 酒……………小さじ1

Memo とり肉は片面グリルの場合、まず皮側を下にして並べ、途中で上下を返します。両面グリルやトースターの場合は、皮側を上にして焼きましょう。

作り方

1. とり肉は厚い部分を切り開いて、3等分のそぎ切りにし、Aをもみこむ。
2. オーブントースター（またはグリル）に肉を並べる（メモ参照）。焼き色がつくまで、6～8分焼く。
3. 好みで粉山椒少々（材料外）をふる。

おかずの組み合わせ例

ゴーヤと桜えびの炒めもの（p.160）＋長いものゆかりあえ（p.173）

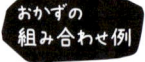

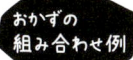

タンドリーチキン

たれをしっかりもみこむと、短時間でも味がしみます

174kcal

材料

とりもも肉 …………… 80g
　塩・こしょう ……各少々
　プレーンヨーグルト
A　…………… 大さじ1
　カレー粉 … 小さじ1/4
　しょうゆ … 小さじ1/2

作り方

1. とり肉は厚い部分を切り開いて、4等分のそぎ切りにし、塩、こしょうをふる。
2. ポリ袋にAを合わせ、肉を入れてよくもみこむ。
3. オーブントースター（またはグリル）に肉を並べる（p.16メモ参照）。焼き色がつくまで、6～8分焼く。

おかずの組み合わせ例

ピーマンとソーセージのケチャップ炒め(p.155)＋きのこのマリネ(p.181)

肉のおかず / とり肉

チキン南蛮

宮崎のご当地メニューを、作りやすくアレンジ!

 294kcal
子ども

材料

とりむね肉	60g
A｜天ぷら粉・水	各小さじ2
サラダ油	大さじ1
B｜しょうゆ・酢	各大さじ1/2
砂糖	小さじ1
マヨネーズ	適量

作り方

1 ボールにA、Bをそれぞれ合わせる。とり肉は厚い部分を切り開いて、4、5等分のそぎ切りにし、Aをからめる。

2 フライパンに油を温め、肉を中火で両面がカリッとするまで焼く。熱いうちにBにつける。

★ マヨネーズをつけて食べる。

 マヨネーズやソース類は、写真のようにアルミカップやラップで包むか、お弁当用の調味料ボトルに入れて持って行きましょう。市販のお弁当用のミニパックを使っても。

チキン南蛮   にんじんのソース炒め
              (p.134)   47kcal

ゆでブロッコリー

とり肉のナッツ炒め

おつまみ用のミックスナッツで手軽に

302kcal

材料

- とりむね肉 …………… 60g
- A │ 天ぷら粉・水 ………… 各小さじ2
- ミックスナッツ（有塩） ………………… 20g
- サラダ油 ………… 小さじ2
- B │ 酒 ………… 小さじ2
  │ しょうゆ …… 小さじ1
- こしょう ………… 少々

作り方

1. ボールにAを合わせる。とり肉は厚い部分を切り開いて、1.5cm大に切り、Aをからめる。
2. Bは合わせる。
3. フライパンに油を温め、肉を中火でカリッとするまで炒める。ナッツを加え、さらに炒める。
4. 端に寄せ、フライパンの脂をペーパータオルでふく。Bを加え、汁気がなくなるまで炒める。こしょうをふる。

おかずの組み合わせ例
さやいんげんのごまマヨあえ(p.158) ＋ ミニトマト

子ども

とり肉とアスパラガスのマヨ炒め

油は不要！ マヨネーズで炒めて、コクもプラス

202kcal

材料

とりむね肉 ……………… 60g
A ｜ 塩・黒こしょう
　　………………… 各少々
　｜ マヨネーズ …… 大さじ1
グリーンアスパラガス
………………………… 2本
塩・黒こしょう …… 各少々

作り方

1 アスパラガスは根元のかたい皮をむき、3cm長さの斜め切りにする。とり肉は厚い部分を切り開いて、ひと口大のそぎ切りにし、Aで下味をつける。

2 フライパンに肉を入れ（油は入れない）、中火で2〜3分焼く。軽く焼き色がついたら裏返し、アスパラガスを加えて、約1分炒める。塩・黒こしょう各少々で味をととのえる。

おかずの組み合わせ例

ミニトマトのハニーピクルス(p.137)＋揚げないポテト(p.146)

ささみのチーズピカタ

チーズ&卵の衣で、ふんわり仕上げます

 287kcal
子ども

材料

とりささみ	大1本(60g)
塩・こしょう	各少々
小麦粉	小さじ1
A　とき卵	1/2個分
粉チーズ	大さじ2
サラダ油	大さじ1

作り方

1　ささみは筋をとって、3、4等分のそぎ切りにし、塩、こしょうで下味をつける。ボールに A を合わせる。

2　ささみに小麦粉をまぶし、A をからめる。フライパンに油を温め、弱めの中火で、ささみの両面に軽く焼き色がつくまで焼く。

 残った卵は冷凍可能。小さい容器にラップを敷き、卵液を入れて包み、テープや輪ゴムでとめます。凍ったら容器ははずし、保存袋へ（約1か月保存可能）。朝使うなら、前夜に冷蔵庫に移し、解凍しておきます。

パプリカの粒マスタードあえ (p.138) 37kcal　　ささみのチーズピカタ

小松菜としめじの
ぽん酢炒め(p.164)
51kcal

肉のおかず / とり肉

ささみの利休焼き

ごまがこげないよう、弱めの火加減にするのがコツ

153kcal

材料

とりささみ …… 大1本(60g)
A｜しょうゆ・酒
　　………… 各小さじ1/2
かたくり粉 … 大さじ1/2
いりごま ………… 大さじ1
サラダ油 ………… 小さじ1

Memo 写真では、白ごまと黒ごまをまぜています。黒をやや少なめにすると、見た目がきれいに仕上がります。

作り方

1. ささみは筋をとって、4等分のそぎ切りにし、**A**で下味をつける。かたくり粉をまぶし、片面にごまを押さえつける。

2. フライパンに油を温め、**1**をごまのついた面を下にして入れ、弱めの中火で焼く。軽く色づいたら、裏返してふたをし、弱火で約2分焼く。

おかずの組み合わせ例
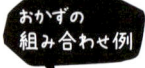ミニトマトの塩こんぶ風味(p.136)＋かぼちゃの煮つけ風(p.140)

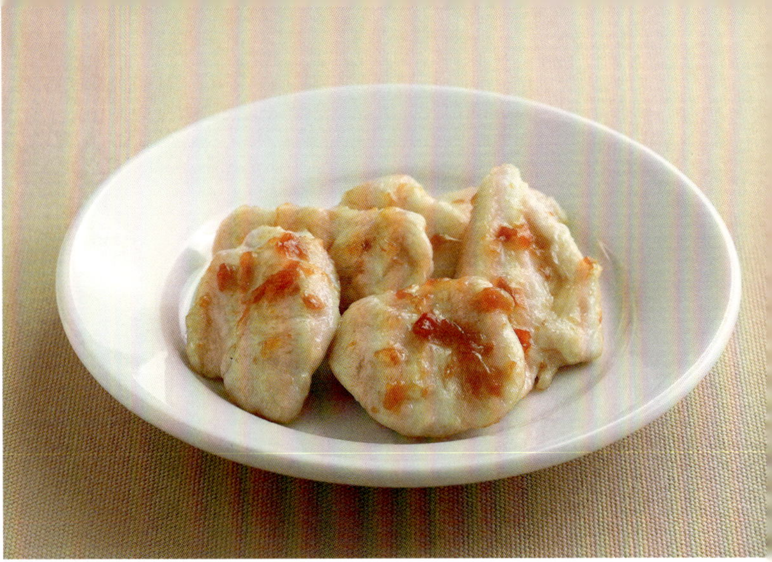

ささみの梅照り焼き

梅肉を加えたたれを、さっとからめるだけ

146kcal

材料

とりささみ……小2本(80g)

A
- 塩……少々
- 酒……小さじ1/2

かたくり粉……大さじ1/2

サラダ油……小さじ1

B
- 梅干し*……正味5g
- 砂糖……小さじ1/2
- 酒……小さじ2
- しょうゆ……少々

作り方

1 ささみは筋をとって、ひと口大のそぎ切りにし、Aで下味をつける。梅干しは果肉を5gとり、これを包丁でたたく。Bは合わせる。

2 ささみにかたくり粉をまぶす。フライパンに油を温め、ささみの両面を中火で2～3分焼く。Bを加えてからめる。

*チューブの梅ペーストで代用可(→p.135メモ)。

おかずの組み合わせ例

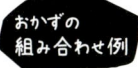

ピーマンのじゃこ炒め(p.154)+ゆでにんじん

豚肉のしょうが焼き

どーんと、ごはんの上にのせてもおいしい

 247kcal
子ども

材料

豚肩ロース肉(薄切り) ……… 80g
　かたくり粉 …………… 小さじ1
サラダ油 ……………… 小さじ1/2
A ｜ しょうがのすりおろし
　　………………… 小さじ1/2
　｜ しょうゆ …………… 小さじ1
　｜ 酒・みりん ……… 各大さじ1/2

作り方

1　豚肉はひと口大に切り、かたくり粉をまぶす。Aは合わせる。

2　フライパンに油を温め、中火で肉をほぐしながら炒める。端に寄せ、フライパンの脂をペーパータオルでふく。Aを加え、汁気がなくなるまで炒める。

 しょうがのすりおろしは、チューブ入りのものを使うと便利です。もしくは、時間のあるときにまとめてすりおろし、冷凍しておいても。凍ったまま加熱調理できます。

長いものゆかりあえ (p.173)
55kcal

豚肉のしょうが焼き

ゆでアスパラガス

ぽん酢で酢豚

ぽん酢＆ケチャップを使えば、甘酢あんもかんたん

 234kcal
子ども

材料

豚肩ロース肉(薄切り)	60g
塩	少々
パプリカ(黄)	30g
たまねぎ	30g
サラダ油	小さじ1/2

A
- トマトケチャップ　大さじ1
- ぽん酢しょうゆ　大さじ1
- 水　大さじ1
- 砂糖　小さじ1
- かたくり粉　小さじ1/2

作り方

1 パプリカ、たまねぎは2〜3cm角に切る。

2 豚肉はひと口大に切り、塩をふる。Aは合わせる。

3 フライパンに油を温め、肉、野菜の順に加えて中火で炒める。肉の色が変わったら、Aを混ぜてから回し入れ、とろみがつくまで炒める。

オクラのわさびじょうゆあえ
〈p.161〉
15kcal

ぽん酢で酢豚

肉のおかず / 豚肉

豚肉のみそ炒め

みその風味で、キャベツの甘味が引き立ちます

217kcal

材料

豚肩ロース肉(薄切り) …………… 60g
キャベツ …………… 60g
ごま油 ………… 小さじ1/2

A
- しょうがのすりおろし ………… 小さじ1/2
- 砂糖 ………… 小さじ1
- みそ ………… 小さじ2
- 酒 ………… 大さじ1

作り方

1. キャベツ、豚肉はひと口大に切る。Aは合わせる。
2. フライパンにごま油を温め、肉を中火で炒める。肉の色が変わったら、キャベツを加えて炒める。キャベツがしんなりしたら、Aを加えて混ぜる。

おかずの組み合わせ例
青のり卵焼き(p.125)＋ミニトマト

豚肉のマリネ風炒め

豚肉と一緒に、レモンもさっと加熱します

218kcal

材料

豚肩ロース肉（薄切り）
　………………………60g
　塩・こしょう ……各少々
ズッキーニ……………60g
レモン（輪切り）………1枚
オリーブ油………小さじ1
A┃レモン汁………小さじ1
　┃塩……………小さじ1/8
　┃酒……………大さじ1
　┃砂糖・こしょう…各少々

作り方

1. ズッキーニは7〜8mm厚さの輪切りまたは半月切りに、レモンはいちょう切りにする。
2. 豚肉はひと口大に切り、塩・こしょう各少々をふる。Aは合わせる。
3. フライパンにオリーブ油を温め、肉とズッキーニを入れ、中火で軽く色づくまで焼く。レモンとAを加えてざっと混ぜる。

★ 汁気をきって詰める。

おかずの組み合わせ例
なすのケチャップ煮（p.174）

肉のおかず / 豚肉

豚肉のカリカリ揚げ

薄切り肉なら、手早くカリッと揚げられます

😊 300kcal
子ども

材料

豚肩ロース肉(薄切り) ………… 80g
A ┃ みりん ………………… 大さじ1/2
　┃ しょうゆ ……………… 小さじ1
　┃ しょうがのすりおろし …… 少々
かたくり粉 ……………… 大さじ1
サラダ油 ………………… 大さじ2

作り方

1　豚肉は長さを半分に切り、A をもみこむ。
2　肉の汁気をペーパータオルでふきとり、かたくり粉をまぶす。小さめのフライパンに油を温め、肉を中火でカリッとするまで揚げ焼きにする(時々上下を返す)。

ブロッコリーのからしあえ
（p.162） 16kcal

豚肉のカリカリ揚げ

にんじん
オムレツ（p.122）
176kcal

肉のおかず

豚肉

子ども

パプリカチーズの肉巻き

シンプルな味つけで。お弁当の彩りにもおすすめ

225kcal

材料

豚もも肉（薄切り）
　………………… 2枚（40g）
　塩・こしょう ……… 各少々
パプリカ（赤） ………… 40g
プロセスチーズ ……… 30g
サラダ油 …………… 小さじ1
酒 ………………… 大さじ1/2
塩・こしょう ……… 各少々

作り方

1. パプリカとチーズは4〜5cm長さ、5〜6mm角の棒状に切る。

2. 豚肉を広げて塩・こしょう各少々をふり、1を半量ずつのせて巻く。2本作る。

3. フライパンに油を温め、2の巻き終わりを下にして並べる。中火でころがしながら、全体に焼き色をつける。

4. 酒をふり、ふたをして弱火で約2分焼く。塩・こしょう各少々で味をととのえる。

★ 食べやすく切って詰める。

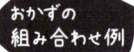

おかずの組み合わせ例

うずら卵のカレーしょうゆ煮（p.130）＋ゆでブロッコリー

かぼちゃの肉巻き

冷凍かぼちゃを使って手軽に。甘から味でパクパク食べられます

262kcal

材料

豚もも肉(薄切り)
　………… 3枚(60g)
塩・こしょう ……各少々
冷凍かぼちゃ*…3切れ(90g)
かたくり粉 …… 大さじ1/2
サラダ油 ………… 小さじ1

A ｜ 砂糖 ……… 小さじ1/2
　｜ しょうゆ・酒・みりん
　｜ ………… 各小さじ1

＊ふつうのかぼちゃでも同様に作れる(→p.140メモ)。

おかずの組み合わせ例

作り方

1. 耐熱皿にかぼちゃを並べ、ラップをかけて、電子レンジで約1分30秒(500W)加熱する。

2. 豚肉を広げて塩、こしょうをふり、**1**を巻く。3本作り、かたくり粉をまぶす。**A**は合わせる。

3. フライパンに油を温め、肉巻きの巻き終わりを下にして並べる。中火でころがしながら、全体に焼き色をつける。

4. **A**を加え、ふたをして弱火で約1分焼く。ふたをとって煮からめる。

★ 食べやすく切って詰める。

小松菜としめじのぽん酢炒め(p.164)＋ミニトマト

35

肉のおかず / 豚肉

ヒレ肉の粒マスタードソテー

厚みのある肉は、ふたをしてしっかり火を通すのがポイント

144kcal

材料

豚ヒレ肉（かたまり）…60g
塩・こしょう……各少々
小麦粉…………小さじ1
たまねぎ……………30g
サラダ油………小さじ1
A ┃ 酒……………大さじ1
　 ┃ 粒マスタード
　 ┃ …………小さじ1

作り方

1. たまねぎは薄切りにする。ヒレ肉は5mm厚さに切り、塩、こしょうをふって、小麦粉をまぶす。Aは合わせる。
2. フライパンに油を温め、たまねぎ、肉を入れて中火で焼く。
3. 肉に焼き色がついたら裏返し、Aを加える。ふたをして弱火にし、1～2分蒸し焼きにする。

おかずの組み合わせ例　にんじんオムレツ(p.122)＋ゆでアスパラガス

ヒレ肉のゆずこしょう焼き

ゆずこしょうをサンドして、ピリッと効かせます

152kcal

材料

豚ヒレ肉（かたまり） …… 80g
A ｜ゆずこしょう ………… 小さじ1/4
　｜マヨネーズ ……… 少々
小麦粉 ………… 小さじ1
サラダ油 ………… 小さじ1
しょうゆ ……… 小さじ1/2

作り方

1. ヒレ肉は長さを6等分（約5mm厚さ）に切る。Aは合わせる。
2. 肉3切れの片面にAを等分に塗り、もう1切れではさむ。3組作り、小麦粉をまぶす。
3. フライパンに油を温め、2を中火で約2分焼く。裏返してふたをし、弱火で約2分焼く。しょうゆをかけて煮からめる。

おかずの組み合わせ例
パプリカのくたくた煮(p.138)＋キャベツのナムル(p.167)

肉のおかず / 豚肉

ゆで豚のぽん酢あえ

味つけはぽん酢だけ！ ヘルシーなさっぱりおかず

168kcal

材料

豚しゃぶしゃぶ肉 …… 60g
みょうが ………………… 1個
ぽん酢しょうゆ … 大さじ1

Memo 肉がかたくならないよう、湯の火を止めてから加えます。ただし、肉の色が変わるまで、しっかりと火を通しましょう。

作り方

1. みょうがは縦6〜8つ割りにする。
2. 鍋にたっぷりの湯を沸かし、みょうがをさっとゆで、とり出す。
3. 湯の火を止めて、豚肉を入れる。色が変わったら、ざるにとって水気をきる。
4. ボールにみょうがと肉を入れ、ぽん酢を加えてあえる。

★ 汁気をきって詰める。

おかずの組み合わせ例
なめたけ卵焼き(p.125)＋アスパラガスのオイスター炒め(p.156)

ゆで豚のごまマヨだれ

すりごまをたっぷり使ってまろやかに

265kcal

材料

豚しゃぶしゃぶ肉 …… 50g
ブロッコリー ………… 30g

A
- すりごま（白） ………… 大さじ1
- マヨネーズ …… 大さじ1
- しょうゆ … 大さじ1/2
- 砂糖 ………… 小さじ1

作り方

1. ブロッコリーは小さめの房に分ける。ボールに A を合わせる。
2. 鍋にたっぷりの湯を沸かし、ブロッコリーを1～2分ゆで、とり出す。さます。
3. 湯の火を止めて、豚肉を入れる。色が変わったら、ざるにとって水気をきる。さます。
4. ブロッコリーと肉を A に加えてあえる。

★ 汁気をきって詰める。

おかずの組み合わせ例

しいたけのソテー(p.178) ＋ ミニトマト

パプリカチーズの
肉巻き(p.34・写真は半量)
113kcal

ドライあんず
(市販)

ゆでブロッコリー

うずら卵の
カレーしょうゆ煮
(p.130・写真は1/3量)
43kcal

ひと口おにぎり

お弁当FILE
01

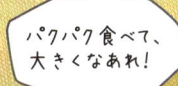

パクパク食べて、
大きくなあれ！

楽しく食べられる ちびっ子弁当

幼稚園や保育園に通う子ども向けには、具材をひと口大にする、ピックに刺すなどの方法で、おかずを食べやすくしましょう。にが手な野菜も、好きな具材と一緒に巻いたり、混ぜたりすると、おいしく食べられるようになります。

point

★ 子どものお弁当は、衛生面が気になるもの。おかず同士はカップやバランなど（→p.77）で仕きり、水分が移らないようにします。

★ 手で食材をさわることが多いキャラ弁より、ピックやカップなどで、子どもが喜ぶ工夫をすると安心です。

えのき入りみそつくね
(p.61)　　　　　181kcal

ゆでアスパラガス

パプリカの
粒マスタードサンド

お弁当FILE 02

カロリーは気になる。
でも、
食べる楽しみはゆずれない!

よくばり女子の ヘルシー弁当

ボリュームを残しつつ、カロリーをおさえるには、肉や炭水化物は適量におさえ、その分野菜やきのこをたっぷり使ってカサ増しを。デザートをちょこっとプラスすると、満足感がさらにアップします。

作り方

パプリカの粒マスタードサンド　　　　　172kcal

1. キャベツ1/2枚はラップに包み、電子レンジで約30秒(500W)加熱し、細切りにする。
2. パプリカの粒マスタードあえ(p.138)を半量作る(写真は、赤・黄のパプリカを20gずつ使用)。
3. フランスパン40gを6枚に切る。クリームチーズ10gを塗り、1、2をはさむ。3組作る。

**りんごと
レーズンのコンポート**
(p.187)　　55kcal

肉のおかず / 牛肉

オクラの肉巻き

オクラは下ゆでいらず。星形の断面がチャームポイント

204kcal

材料

牛もも肉（薄切り）	3枚（60g）
塩・こしょう	各少々
かたくり粉	小さじ1/2
オクラ	3本
サラダ油	小さじ1
A　しょうゆ・酒・みりん	各大さじ1/2
砂糖	小さじ1/2

作り方

1. Aは合わせる。
2. 牛肉は広げて塩、こしょうで下味をつけ、かたくり粉をふる。オクラを1本ずつのせて巻く。3本作る。
3. フライパンに油を温め、2の巻き終わりを下にして並べる。中火でころがしながら、全体に焼き色をつける。
4. Aを加え、全体にからめる。

Memo　野菜がにが手な子どもも、肉巻きなら食べやすい。火通りの早い野菜（パプリカ（→p.34）、ピーマン、ねぎ、オクラ、きのこ類など）を巻けば、事前に加熱する手間も省けます。

さつまいものピリ辛煮 (p.143) 159kcal

ミニトマトの
塩こんぶ風味 (p.136) 19kcal

オクラの肉巻き

45

肉のおかず / 牛肉

チンジャオロースー

肉もピーマンも大きめのお弁当版。さめてもやわらかくておいしい！

263kcal

材料

牛切り落とし肉 …………………… 60g
A | しょうゆ …………… 小さじ1/2
  | サラダ油 …………… 小さじ1/2
  | かたくり粉 …………… 小さじ1
ピーマン …………………………… 1個
サラダ油 ………………… 小さじ1/2
B | 砂糖 ………………… 小さじ1/2
  | オイスターソース ……… 小さじ1
  | 酒 …………………… 小さじ2

作り方

1 ピーマンは縦半分に切って種を除き、4〜5mm幅に切る。
2 牛肉はAを順にもみこむ。Bは合わせる。
3 フライパンに油小さじ1/2を温め、ピーマン、肉を順に加え、中火で炒める。肉の色が変わったら、Bを加えて全体にからめる。

しらす卵焼き (p.124)
97kcal

チンジャオロースー

ゆでにんじん

牛肉のプルコギ風

香味野菜もコチュジャンも不要！ でも味は本格派

295kcal

材料

牛切り落とし肉 ……… 60g

A
- しょうゆ … 大さじ1/2
- 砂糖 ……… 小さじ1/2
- ごま油 ……… 小さじ1
- ラー油 ………… 少々
- かたくり粉 ………… 小さじ1/2

ししとうがらし ……… 3本
ごま油 ………… 小さじ1
すりごま（白） ……… 少々

作り方

1. ししとうは軸を切り落とし、縦に切り目を入れる。牛肉はAを順にもみこむ。

2. フライパンにごま油小さじ1を温め、肉とししとうを中火で炒める。肉の色が変わったら、ごまをふって混ぜる。

Memo この本では、豆板醤（トウバンジャン）やコチュジャンは使わず、ラー油や一味とうがらし、七味とうがらしなど手軽な調味料で辛味を出しています。あとから辛さを調節できるのもうれしい。

おかずの組み合わせ例　さつまいものオレンジジュース煮(p.142)

牛肉のねぎごまあえ

焼き肉を、酸味の効いたたれでさっぱりとあえます

344kcal

材料

牛切り落とし肉 ……… 80g
　かたくり粉 …… 小さじ1
ごま油 …………… 小さじ1
A｜
　万能ねぎ ………… 1本
　いりごま(白)
　　………… 大さじ1/2
　しょうゆ …. 大さじ1/2
　砂糖 ………… 小さじ1
　酢 …………… 小さじ2

作り方

1. 万能ねぎは小口切りにして、Aは合わせる。牛肉はかたくり粉をまぶす。
2. フライパンにごま油を温め、肉を広げて入れ、中火で両面を焼く。肉の色が変わったら、Aを加えてからめる。

おかずの組み合わせ例

なめたけ卵焼き(p.125) ＋ ゆでにんじん

肉のおかず／牛肉

ハッシュドビーフ

ケチャップを使って甘めの味つけに。きのこは好みのもので◎

子ども 276kcal

材料

牛切り落とし肉	60g
塩・こしょう	各少々
小麦粉	小さじ1
たまねぎ	30g
しめじ	20g
バター	5g
A　水	大さじ1
スープの素	小さじ1/3
中濃ソース	小さじ1
トマトケチャップ	小さじ2

作り方

1　たまねぎは1cm幅に切る。しめじは根元を除き、小房に分ける。

2　牛肉は塩、こしょうをふり、小麦粉をまぶす。Aは合わせる。

3　フライパンにバターを溶かし、たまねぎを中火で炒める。透き通ってきたら、牛肉、しめじを順に加えて炒める。

4　肉の色が変わったらAを加え、汁気がなくなるまで炒める。

ハッシュドビーフ　　　　　レンジで粉ふきいも
　　　　　　　　　　　　　(p.147)　　　　68kcal

ミニトマト

肉のおかず / 牛肉

牛肉のすき煮

濃いめの煮汁でさっと煮るだけ。ほっとする味わいです

224kcal

材料

牛切り落とし肉 ……… 60g
たまねぎ ……………… 30g
A | 砂糖・しょうゆ・酒
　　……… 各大さじ1/2
　| 水 ………… 大さじ1

作り方

1. たまねぎは7〜8mm幅に切る。
2. 鍋にAを合わせ、肉を加えてほぐす。強火にかけ、肉の色が変わったら、たまねぎを加える。中火で混ぜながら、汁気がなくなるまで煮る（ふたはしない）。

おかずの組み合わせ例
さつまいものごま塩炒め(p.144) ＋ アスパラガスのおかかまぶし(p.157)

牛肉とセロリのきんぴら味

セロリの香りが楽しめます。大人向けなら七味をふっても

229kcal

材料

牛切り落とし肉 ……… 50g
セロリ ……… 1/3本(30g)
ごま油 …………… 小さじ1
A │ しょうゆ … 大さじ1/2
　│ 酒 ………… 大さじ1/2
　│ みりん …… 大さじ1/2

作り方

1. セロリは3cm長さの斜め薄切りにする。牛肉は1cm幅に切る。
2. Aは合わせる。
3. フライパンにごま油を温め、セロリを中火で炒める。油がまわったら、肉を加えてほぐしながら炒める。肉の色が変わったら、Aを加えてからめる。

おかずの組み合わせ例
ミニトマトの塩こんぶ風味(p.136) + じゃがいものカレー煮(p.149)

コーンハンバーグ

たまねぎも卵も不要！　手軽に作れるミニハンバーグです

😊 **225kcal**
子ども

材料

合いびき肉	60g
A　パン粉・牛乳	各大さじ1
トマトケチャップ	大さじ1/2
塩	小さじ1/6
ウスターソース	小さじ1/2
コーン(ホール)	10g
小麦粉	小さじ1
サラダ油	小さじ1

作り方

1. ボールにひき肉を入れ、A を加え、よく練り混ぜる。
2. コーンは汁気をきり、小麦粉をまぶす。1 に加えて混ぜ、3等分して小判形にまとめる。
3. フライパンに油を温め、2 を中火で約3分焼く。焼き色がついたら、裏返してふたをし、弱火で約2分焼く。

Memo　お弁当用のハンバーグには、卵の代わりにケチャップやソース、マヨネーズをつなぎとして使うと便利。肉にしっかり味がつくので、食べるときにソースをかける必要もありません。

コーンハンバーグ

かぶのめんたい炒め（p.171）
50kcal

キャベツのナムル（p.167）
54kcal

肉のおかず / ひき肉

子ども

ドライカレー

みんな大好き！ レーズンの甘さがアクセント

243kcal

材料

- 合いびき肉 …………… 60g
- たまねぎ ……… 1/4個(50g)
- レーズン ……大さじ1(10g)
- サラダ油 ………… 小さじ1
- A
  - 水 …………… 大さじ1
  - カレー粉 … 小さじ1/2
  - 中濃ソース …小さじ1
  - トマトケチャップ
    …………… 小さじ2
- 塩・こしょう ……… 各少々

おかずの組み合わせ例

作り方

1. たまねぎはみじん切りにする。レーズンはぬるま湯でさっと洗い、ざるにとって水気をきる。Aは合わせる。

2. フライパンに油を温め、たまねぎ、ひき肉を順に加えて中火で炒める。

3. 肉の色が変わったら、レーズン、Aを加え、汁気がほとんどなくなるまで、混ぜながら炒める。塩、こしょうで味をととのえる。

★ ごはんの上にのせるか、別容器に入れて食べるときにかける。

焼きパプリカのマリネ(p.139) + ブロッコリーのチーズ焼き(p.163)

レンジ

韓国風そぼろ

材料を合わせて、レンジにかけるだけ

211kcal

材料

合いびき肉 ……………… 80g
ねぎ ……………………… 5cm
焼き肉のたれ（市販）
　……………………… 大さじ1
ごま油 …………………… 少々

作り方

1. ねぎはみじん切りにする。
2. 耐熱容器にすべての材料を入れ、よく混ぜる。ラップをかけて、電子レンジで約2分（500W）加熱する。ラップをとってよくほぐし、そのままラップはせずに、再び電子レンジで約1分加熱する。
3. 全体をよく混ぜ、味をなじませる。

★ ごはんの上にのせる。

Memo 焼き肉のたれを、焼き肉だけに使うのはもったいない。炒めものや焼きもの（→p.103）の味つけにも使えます。

おかずの組み合わせ例
パプリカのピーナッツあえ（p.139）＋小松菜のピリ辛炒め（p.165）

しいたけの肉詰め

しいたけのうま味が、じゅわっと口の中に広がります

📺 **186kcal**
レンジ

材料

豚ひき肉	60g
A　オイスターソース・酒	各小さじ1/2
ごま油	小さじ1/2
砂糖・こしょう	各少々
たまねぎ	30g
かたくり粉	小さじ1/2
しいたけ	3個
かたくり粉	小さじ1/2

作り方

1 たまねぎはみじん切りにし、かたくり粉小さじ1/2をまぶす。しいたけは軸を除く。

2 ボールにひき肉、A、たまねぎを入れてよく混ぜ、3等分にする。

3 しいたけのかさの内側にかたくり粉小さじ1/2をふり、2を詰める。

4 耐熱皿に3を肉側を上にして並べる。ラップをかけて、電子レンジで2〜3分(500W)加熱する。

甘酢れんこん(p.169)
76kcal

しいたけの肉詰め

ゴーヤと桜えびの
炒めもの(p.160)
42kcal

肉のおかず ひき肉

なす入り甘からつくね
なすでカサ増ししてヘルシーに

188kcal

材料

- 豚ひき肉 …………… 60g
- なす ………… 小1個(60g)
- 塩 …………… 小さじ1/6
- パン粉 …………… 大さじ1
- サラダ油 ………… 小さじ1
- A
  - 砂糖 ……… 小さじ1/2
  - しょうゆ … 小さじ1/2
  - みりん …… 小さじ1/2

作り方

1. なすはへたを切り落とし、薄いいちょう切りにする。塩をふって1〜2分おき、水気をしっかりしぼる。Aは合わせる。

2. ボールにひき肉、なす、パン粉を入れてよく混ぜる。3等分にして小判形にまとめる。

3. フライパンに油を温め、2を中火で約3分焼く。焼き色がついたら、裏返してふたをし、弱火で約2分焼く。ペーパータオルで脂をふき、Aを加えてからめる。

おかずの組み合わせ例
さやいんげんの梅煮(p.159)

えのき入りみそつくね

えのきの食感がクセになります

181kcal

材料

とりひき肉 …………… 60g

A
- みそ・酒 ……… 各大さじ1/2
- しょうがのすりおろし ………………… 少々

えのきだけ …… 1/2袋(50g)
かたくり粉 … 大さじ1/2
サラダ油 ………… 小さじ1

作り方

1. えのきは根元を除き、2cm長さに切ってかたくり粉をまぶす。
2. ボールにひき肉、Aを入れてよく混ぜる。えのきを加えて混ぜ、3等分にして小判形にまとめる。
3. フライパンに油を温め、2を中火で約3分焼く。焼き色がついたら、裏返してふたをし、弱火で約2分焼く。

おかずの組み合わせ例

りんごとレーズンのコンポート(p.187)＋ゆでアスパラガス

肉のおかず ひき肉

レンジ　子ども

とりそぼろ

鍋で作るより、しっとり仕上がります

177kcal

材料

とりひき肉 ……………… 80g
しょうがのすりおろし
　………………… 小さじ1/2
砂糖 …………… 大さじ1/2
しょうゆ・酒 …… 各大さじ1

Memo 途中で1度とり出して混ぜ、調味液を全体に行き渡らせ、加熱ムラをなくすのがコツ。2回目に加熱するときはラップをとり、汁気をとばします。

作り方

1. 耐熱容器にすべての材料を入れ、よく混ぜる。
2. ラップをかけて、電子レンジで約2分（500W）加熱する。ラップをとってよくほぐし、そのままラップはせずに、再び電子レンジで約1分加熱する。
3. いりごま（白）小さじ1（材料外）をふり、全体をよく混ぜ、味をなじませる。

★ ごはんの上にのせる。

おかずの組み合わせ例　にんじんのごまみそあえ(p.133)＋ゆでさやいんげん

缶詰・練りもの・豆・大豆製品のおかず

缶詰のおかず / ツナ缶

ピーマンのツナ詰め

肉詰めより手軽！ つなぎにはみそを使います

😊 **142kcal**
子ども

材料

ツナ缶詰	小1缶(70g)
みそ	小さじ1/2
ピーマン	1個
小麦粉	少々
パン粉	小さじ2
サラダ油	大さじ1/2

作り方

1. ツナは缶汁を軽くきってボールに入れ、みそを加えて混ぜる。
2. ピーマンは縦半分に切り、種を除く。内側に小麦粉をふって、1を半量ずつ詰め、パン粉をつける。
3. フライパンに油を温め、パン粉側を下にして並べ、中火で焼く。焼き色がついたら、裏返してふたをし、弱火で3〜4分焼く。

ピーマンのツナ詰め

ミニトマトの
ハニーピクルス (p.137)
　　79kcal

じゃがいもの
ベーコン炒め (p.145)
　　170kcal

缶詰のおかず / ツナ缶

ツナのふわふわナゲット

とうふを加えるので、さめてもやわらかい

331kcal 子ども

材料

ツナ缶詰	小1缶(70g)
とうふ(もめん)	50g
A かたくり粉	大さじ1
A マヨネーズ	大さじ1
A しょうゆ	小さじ1
サラダ油	大さじ1

作り方

1. ツナ缶は缶汁をきってほぐす。とうふはペーパータオルで包んで水気をしぼる。
2. ボールにツナ、Aを入れ、とうふをくずしながら加える。よく混ぜ合わせ、4等分にして小判形にまとめる。
3. フライパンに油を温め、2の両面を中火で焼き色がつくまで焼く。

ツナのふわふわ
ナゲット

かぶのオイルマリネ
ゆずこしょう風味 (p.170)
78kcal

キャベツとコンビーフの
レンジ蒸し (p.167)
73kcal

練りもののおかず ちくわ

ちくわのいかもどき

見た目も食感も、いかにそっくり!

112kcal

材料

ちくわ ………… 2本(70g)
サラダ油 ……… 小さじ1/2
A│しょうゆ・みりん
　　……… 各小さじ1/2
七味とうがらし ……… 少々
つまようじ …………… 4本

作り方

1. ちくわは縦半分に切り、内側に格子状に切り目を入れる。裏返しに巻いて、ようじでとめる。4個作る。Aは合わせる。

2. フライパンに油を温め、ちくわを中火で全体に軽く焼き色がつくまで焼く。Aを加えてからめ、七味とうがらしをふる。

Memo お弁当に定番のちくわですが、夏場にそのまま入れるのは避けたいところ。焼く、炒めるなど、加熱してから入れるようにしましょう。

おかずの組み合わせ例
ピーマンとソーセージのケチャップ炒め(p.155)＋たたきごぼうのサラダ(p.176)

ちくわとピーマンのみそ炒め

甘から味でごはんがすすみます

108kcal

材料

ちくわ ………… 1本（35g）
ピーマン ………………… 1個
サラダ油 ………… 小さじ1
A
| みそ ………… 小さじ1
| みりん ……… 小さじ1
| 水 …………… 小さじ1

作り方

1. ピーマンは縦半分に切って種を除き、ひと口大の乱切りにする。ちくわもひと口大の乱切りにする。Aは合わせる。

2. フライパンに油を温め、ピーマン、ちくわを中火で炒める。全体に油がまわり、ちくわに軽く焼き色がついたら、Aを加え、汁気がなくなるまで混ぜる。

おかずの組み合わせ例

卵の袋煮(p.129)＋ミニトマト

練りもののおかず / はんぺん

はんぺんのしそチーズサンド

はさんで焼くだけ。しその香りがアクセントに

トースター　子ども　156kcal

材料

はんぺん ………………… 1枚(100g)
しその葉 ……………………… 2枚
スライスチーズ(溶けないタイプ)
　………………………………… 1枚

作り方

1　はんぺん、チーズは半分に切る。はんぺんの厚みに切りこみを入れ、しそとチーズをはさむ。2組作る。

2　オーブントースター(またはグリル)に 1 を並べる。焼き色がつくまで、4〜5分焼く。

★ 半分に切って詰める。

オクラのみそコーン
炒め(p.161) 83kcal

ミニトマト

はんぺんの
しそチーズサンド

豆のおかず

きんとき豆・大豆

かんたんチリコンカン

身近な材料で作りやすい。子ども向けなら一味は控えて

172kcal

材料

きんとき豆*（水煮）……40g
合いびき肉……………30g
たまねぎ………………20g
サラダ油………小さじ1/2

A
- トマトケチャップ
  …………大さじ1
- 中濃ソース
  …………小さじ1/2
- 塩・こしょう…各少々
- 一味とうがらし…少々

作り方

1. たまねぎはみじん切りにする。Aは合わせる。
2. フライパンに油を温め、たまねぎを中火で炒める。しんなりしたら、ひき肉を加え、パラパラになるまで炒める。きんとき豆、Aを加えてよく混ぜる。

★ ごはんの上にのせる。

＊ミックスビーンズや大豆など、ほかの豆でも。

おかずの組み合わせ例

かんたんキッシュ(p.128)＋キャベツのナムル(p.167)

大豆とさつま揚げの甘から煮

かんたん五目豆風。さつま揚げからもいい味が出ます

136kcal

材料

大豆（水煮） ……………… 50g
さつま揚げ ……………… 30g
にんじん ………………… 30g
だし（メモ参照） ……… 50ml
砂糖・しょうゆ・酒
　………………… 各小さじ1

作り方

1. にんじんは3mm厚さ、7～8mm大に切る。さつま揚げは7～8mm角に切る。
2. 小鍋にすべての材料を入れて、ふたをして、中火で5～6分煮る。

Memo 少量のだしのとり方：熱湯にけずりかつおを入れ（上記の場合は、熱湯60mlにけずりかつお2g）、1～2分おいて茶こしでこします。

おかずの組み合わせ例
オクラのわさびじょうゆあえ(p.161)＋なすのベーコン焼き(p.175)

大豆製品のおかず

油揚げ

油揚げのチャンプルー

とうふの代わりに油揚げを使えば、水きりなしで作れます

93kcal

材料

油揚げ ………………… 1/2枚
ゴーヤ ………………… 80g
　塩 …………… 小さじ1/4
サラダ油 ……… 小さじ1/2
A｜しょうゆ・みりん
　　……… 各小さじ1/2
けずりかつお
　……… 小1/2パック(2g)

作り方

1. ゴーヤは縦半分に切り、わたと種を除き、2mm幅に切る。塩をふって約5分おき、水気をしぼる。油揚げは縦半分に切り、1cm幅に切る。Aは合わせる。

2. フライパンに油揚げを入れ(油は入れない)、中火で両面に焼き色がつくまで焼く。とり出す。

3. 続いて、フライパンに油を入れ、ゴーヤを中火で2〜3分炒める。油揚げを戻し入れ、Aを加えて炒める。火を止め、けずりかつおを加えて混ぜる。

おかずの組み合わせ例
にんじんオムレツ(p.122)＋きのこわさび(p.182)

小松菜のきつね巻き

甘からく煮た油揚げで、くるくる巻くだけ

108kcal

材料

油揚げ* ………………… 1枚
小松菜 ………………… 50g
A
- 砂糖 ……… 小さじ1/2
- しょうゆ・みりん
  ………… 各小さじ1
- 酒 ………… 小さじ2

＊手揚げ風でない、中が開けるもの。

作り方

1. 小松菜は熱湯で約1分ゆでる(ゆで汁はとりおく)。水にさらして水気をしぼる。根元を落とし、長さを半分に切る。

2. 油揚げは、1のゆで汁に入れて油抜きをする。長い辺1辺を残し、3辺の2〜3mm内側を切り落とす。端から開き、再び閉じる。

3. 鍋にAと油揚げを入れ、時々上下を返しながら、弱火で2〜3分煮る(ふたはしない)。さめたら油揚げを開き、小松菜を巻く。

★ 食べやすく切って詰める。

おかずの組み合わせ例
にんじんとツナのサラダ(p.132)＋しいたけのマヨコーン焼き(p.179)

大豆製品のおかず

厚揚げ

厚揚げマーボーどうふ

ラー油を使って、味つけかんたん

252kcal

材料

厚揚げ ･････････････ 80g
豚ひき肉 ･････････････ 30g
ねぎ ･････････････ 5㎝
ごま油 ･････････････ 小さじ1

A
- 砂糖・かたくり粉 ･･････ 各小さじ1/2
- みそ・しょうゆ ･･････ 各小さじ1
- 水 ･････････････ 大さじ2
- ラー油 ････････ 少々

作り方

1. ねぎはみじん切りにする。厚揚げは1.5㎝角に切り、熱湯でさっとゆでる。Aは合わせる。

2. フライパンにごま油を温め、ねぎを弱めの中火で炒める。香りが出てきたら、ひき肉を加えて中火で炒める。肉がパラパラになったら厚揚げを加え、焼き色がつくまで炒める。

3. Aを混ぜてから回し入れ、とろみがつくまで煮る。

おかずの組み合わせ例
ミニトマトの塩こんぶ風味(p.136)＋ゆでさやいんげん

あると便利な
お弁当カップ いろいろ

お弁当を詰めるときに欠かせないカップやバランには、
さまざまなタイプのものがあります。
それぞれの特徴を知って、かしこく使い分けましょう。

アルミカップ

使い捨てできて衛生的。オーブントースターに使える（電子レンジでは使用不可）。

紙カップ

余分な水分を吸収してくれる。電子レンジやオーブントースターに対応したものもある。

シリコンカップ

くり返し使える。電子レンジに対応（オーブントースターには使えない）。厚みがあるので、形がくずれにくい。

バラン

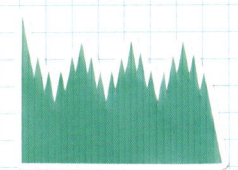

おかずの味移りを防ぐだけでなく、彩りにもなる。キャラクターの形をしたものや、くり返し使えるシリコン製のものも売られている。

レタス、キャベツなどの生野菜 △

生野菜は、よく洗っても細菌が残っている可能性がある。さらに、水分が多いため細菌が増殖しやすい。

> まとめて&並行調理で **もっと時短！**

お弁当作りは段どりが命。ちょっとしたコツを意識するだけで、全体の調理時間を短縮することができます。

「野菜が先で」 「肉があと」

① まとめて切る

使う食材は、はじめにすべて切っておきます。野菜→肉・魚の順に切ると衛生的。途中で、包丁やまな板を洗う手間も省けます。

❷ まとめて計量する

料理をしながら計量すると、時間がかかってしまいます。調味料はまとめて計量し、必要な場合は先に合わせておきましょう。

> 粉 → 液体の順に計ると、
> スプーンを洗う回数が減らせる！

❸ まとめて加熱する

野菜は同じ湯で次々にゆでるとラク

同じ調理器具で加熱するものは、まとめて一緒に加熱すると時短に。光熱費の節約にもなります。

❹ 並行して加熱する

たとえば、フライパンで揚げものをしている間に、レンジにかけるなど、複数の加熱器具を使うと、同時に並行して調理を進められます。

ピピピ
ピピピ

夕ごはん→お弁当の ラクラクアレンジ

お弁当には、夕ごはんの残りおかずもぜひ活用を。
かんたんなアレンジで、ぐっと見違えるおかずに変身します！

あじの南蛮漬け

ぽん酢を使って、あっという間に和風おかずにリメイク！

217kcal

材料

あじのムニエル ………… 2枚（1尾分）
にんじん ………… 15g
ししとうがらし …… 2本
サラダ油 …… 小さじ1
A ｜ 赤とうがらし ………… 1/3本
　｜ ぽん酢しょうゆ・水 …… 各大さじ1/2

作り方

1. にんじんは4〜5cm長さの細切りにする。ししとうは軸を切り落とし、斜めに3等分に切る。赤とうがらしは種をとって、小口切りにする。Aは合わせる。

2. フライパンに油を温め、にんじん、ししとうを中火でしんなりするまで炒める。野菜を端に寄せて、あじを加え、両面を軽く焼いて温める。Aを加えてからめる。

夕ごはんの「あじのムニエル*」を使って…

*小麦粉をまぶし、バターで焼いた料理のこと。

あじそぼろ

ごはんがすすむ味つけ。さけやたらなど、ほかの魚でも作れます

223kcal

材料

あじのムニエル
　　　……… 2枚(1尾分)

A ｜ 砂糖・しょうゆ・酒
　　　……… 各大さじ1
　｜ しょうがのすりおろし
　　　……… 少々

いりごま(白) ……小さじ1

作り方

1　あじは、皮と小骨を除いて身を細かくほぐす。

2　小鍋にAを合わせ、1を加えて中火にかける。菜箸で混ぜながらいりつける。ごまをふって混ぜる。

夕ごはんの
えびの天ぷらを
使って…

えびマヨ

たれにからめるだけで、中華味のおかずに

205kcal

材料

えびの天ぷら …… 小3尾
A
- マヨネーズ… 大さじ1
- 砂糖 …… 小さじ1/2
- トマトケチャップ
  ……… 小さじ1/2
- 酢 ……… 小さじ1/2

作り方

1 耐熱容器にえびを入れ、ラップをかけて、電子レンジで約30秒(500W)加熱する。さます。

2 ボールにAを合わせ、えびを加えてからめる。

えびのおにぎりサンド

これ一品でボリュームたっぷり。見た目も楽しい!

385kcal

材料

えびの天ぷら …… 小3尾
めんつゆ（3倍濃縮）
………… 小さじ1
豆苗（半分に切る）…20g
温かいごはん …… 150g
焼きのり ………… 1枚

作り方

1. えびは尾を落とし、めんつゆをかける。豆苗とともに大きめの耐熱皿に入れ、ラップをかけて、電子レンジで約1分（500W）加熱する。

2. ラップを敷いてのりをのせ、塩少々（材料外）をふり、ごはんの半量を広げる。豆苗、えびの順にのせる。

3. 残りのごはんをのせ、のりの四隅を、写真の矢印の方向にたたむ。ラップで包み、なじませる。

★ 写真の点線の方向に切って詰める。

夕ごはんの
肉じゃがを
使って…

肉じゃがコロッケ

手間のかかるコロッケも、肉じゃがから作ればかんたん

455kcal

材料

肉じゃが（汁気はきる）
　……………… 120g
小麦粉 ………… 小さじ1
マヨネーズ …… 小さじ2
パン粉 …… 大さじ1・1/2
揚げ油 …………… 適量

作り方

1　肉じゃがは耐熱容器に入れ、ラップをかけて、電子レンジで約1分（500W）加熱する。フォークで軽くつぶし、2等分して小判形にまとめる。小麦粉をまぶして、マヨネーズを塗り、パン粉をまぶす。

2　深めのフライパンに1cm深さの油を入れ、170℃に熱する。1の両面を色よく揚げ焼きにする（こげやすいので注意）。

肉じゃがオムレツ

卵に混ぜて焼くだけ。ボリューム満点です

192kcal

材料

肉じゃが
(汁気はきる)
………… 50g
卵 ………… 1個
塩・こしょう
………… 各少々
バター ………… 5g

作り方

1. 肉じゃがは、具材を1cm大に切る。耐熱容器に肉じゃがを入れ、ラップをかけて、電子レンジで約30秒(500W)加熱する。さます。

2. ボールに卵をときほぐし、塩、こしょう、肉じゃがを加えて混ぜる。

3. 小さめのフライパンにバターを強めの中火で溶かし、2を入れて菜箸で混ぜる。半熟になったら片端に寄せ、木の葉形に整え、火を止める。ふたをして、余熱で中まで火を通す。

★ 食べやすく切って詰める。

夕ごはんの肉じゃがを使って…

肉じゃがホットサンド

カリッと焼いたトーストに、肉じゃがが意外と合います

348kcal

材料

肉じゃが(汁気はきる)
　………… 80g
食パン(12枚切り) … 2枚
マヨネーズ ….. 小さじ1
バター ………………… 5g

作り方

1. 肉じゃがは耐熱容器に入れ、ラップをかけて、電子レンジで約30秒(500W)加熱する。フォークで軽くつぶす。食パンの片面にマヨネーズを塗り、肉じゃがをはさむ。

2. フライパンにバターの半量を溶かし、1を弱火で約2分焼く。焼き色がついたら裏返し、残りのバターを加えて、約2分焼く。

★ 半分に切って詰める。

魚介のおかず

魚介のおかず　さけ

さけの磯辺焼き

香ばしい焼きのりと一緒に。ひと口サイズでパクッと食べやすい!

😊 子ども　175kcal

材料

生さけ	1切れ(80g)
塩・こしょう	各少々
小麦粉	大さじ1
焼きのり(約5×10cm)	4枚
サラダ油	小さじ1

作り方

1　さけは4等分のそぎ切りにし、塩、こしょうをふる。小麦粉をまぶし、のりを巻く。4個作る。

2　フライパンに油を温め、1の巻き終わりを下にして入れる。弱めの中火で約2分焼く。裏返して、さらに1〜2分焼く。

Memo　この本のp.90〜95では、生さけを使っていますが、甘塩さけでも代用できます。その場合は、下味の塩は省き、しょうゆやみそは量を減らしてください。

うずら卵の
カレーしょうゆ煮
(p.130)　　128kcal

さけの磯辺焼き

アスパラガスの
オイスター炒め (p.156)
29kcal

魚介のおかず・さけ

さけのハーブパン粉焼き

いつものさけを、ちょっとおしゃれなひと品に

🍞 169kcal
トースター

材料

生さけ	1切れ(80g)
塩・こしょう	各少々
マヨネーズ	大さじ1/2
A パン粉	大さじ2
A ドライハーブ*	小さじ1/4

＊エルブ・ド・プロバンス(ミックスハーブの一種)、タイム、オレガノなど好みのもので。

作り方

1 さけは3、4等分のそぎ切りにし、塩、こしょうで下味をつける。ボールにAを合わせる。

2 さけの両面にマヨネーズを塗り、Aを両面にまぶして軽くおさえる。

3 オーブントースター(またはグリル)に2を並べる。焼き色がつくまで、5～7分焼く。

キャベツの
カレー炒め(p.166)
62kcal

きのこのマリネ(p.181)
55kcal

さけのハーブパン粉焼き

魚介のおかず さけ

さけの竜田揚げ

少ない油で、カリッと揚げ焼きにします

197kcal

材料

生さけ ………… 1切れ（80g）
A｜しょうがのすりおろし
　　　………… 小さじ1/2
　｜砂糖 ……… 小さじ1/2
　｜しょうゆ・酒
　　　………… 各小さじ1
かたくり粉 …… 大さじ1
サラダ油 ……… 大さじ2

作り方

1 ボールにAを合わせる。
2 さけは3、4等分のそぎ切りにする。Aにつけ、5分ほどおく。
3 さけの汁気をペーパータオルでふき、かたくり粉をまぶす。小さめのフライパンに油を温め、さけを中火で色よく揚げ焼きにする（時々上下を返す）。

おかずの組み合わせ例
小松菜のピリ辛炒め(p.165)＋甘酢れんこん(p.169)

トースター

さけのマヨみそ焼き

みそだれを塗って焼くだけ。こっくり味で箸がすすみます

192kcal

材料

生さけ ……… 1切れ（80g）
A | 万能ねぎ ………… 1本
　 | マヨネーズ …. 大さじ1
　 | みそ ……… 小さじ1/2

作り方

1. 万能ねぎは小口切りにし、Aは合わせる。
2. さけは3等分のそぎ切りにする。
3. オーブントースター（またはグリル）にさけを並べ、Aを塗る（片面グリルの場合はメモ参照）。焼き色がつくまで、5〜7分焼く。

Memo 片面グリルの場合は、途中でさけの上下を返したあとに、Aを塗りましょう。

おかずの組み合わせ例
ピーマンのじゃこ炒め(p.154) + れんこんのかか煮(p.168)

白身魚のカレームニエル

魚がにが手な子どもでも、カレー味なら食べやすい

😊 257kcal
子ども

材料

かじき	1切れ(80g)
塩	少々
A カレー粉	小さじ1/2
砂糖	小さじ1/4
天ぷら粉	大さじ1
水	大さじ1
サラダ油	大さじ1

作り方

1 かじきは4等分のそぎ切りにして、塩をふる。ボールにAを合わせる。
2 魚の汁気をペーパータオルでふき、Aをからめる。
3 フライパンに油を温め、2の両面を中火で焼き色がつくまで焼く。

Memo p.96〜101のレシピでは、白身魚の種類を指定していますが、ほかの魚でもかまいません。かじきやさわら、たい、たらなど手に入りやすいものを使ってください。

ゆでにんじん

ブロッコリーの
チーズ焼き (p.163)
55kcal

白身魚の
カレームニエル

白身魚の変わり揚げ

衣にはなんと、せんべいを使います。サクサク食感がたまらない！

371kcal

材料

さわら	1切れ(80g)
A 塩	少々
酒	小さじ1
小麦粉	小さじ1/2
柿の種	小1袋(20g)
サラダ油	大さじ3

作り方

1 さわらは4、5等分のそぎ切りにして、Aで下味をつける。

2 柿の種は、袋入りのまま、めん棒などで細かくくだく。

3 魚の汁気をペーパータオルでふいて、小麦粉をまぶし、2の衣をつける。小さめのフライパンに油を温め、中火でカラリと揚げ焼きにする（時々上下を返す）。

Memo　レシピでは柿の種を使っていますが、焼きせんべいやおかきなど、家に余っているものでOK。衣がはがれないよう、魚に押さえつけるようにして、しっかりつけるのがコツです。

さやいんげんの
ごまマヨあえ(p.158)
58kcal

ひじきとこんにゃくの
ピリ辛煮(p.185)
40kcal

白身魚の
変わり揚げ

魚介のおかず / 白身魚

白身魚のソテー 梅ソース

淡泊な白身魚に、さっぱりした梅ソースがよく合います

181kcal

材料

かじき ………… 1切れ (80g)
塩 ………………… 少々
小麦粉 ………… 小さじ1
サラダ油 ………… 小さじ1
A ┃ 梅干し ………… 正味5g
　 ┃ 砂糖 … 小さじ1/4〜1/2
　 ┃ みりん ……… 小さじ1

作り方

1. かじきは塩をふる。
2. 梅干しは果肉を5gとり、これを包丁でたたく。Aは合わせる。
3. 魚の汁気をペーパータオルでふき、小麦粉をまぶす。フライパンに油を温め、両面を中火で焼き色がつくまで焼く。

★ 半分に切って詰め、Aのソースをかける。

Memo 梅干しは、チューブの梅ペーストでも代用できます (→p.135メモ)。砂糖の分量は、梅の味をみて調節を。

おかずの組み合わせ例: だいこんのきんぴら(p.172) + ゆでアスパラガス

白身魚のしそ巻き天ぷら

しその香りが食欲をそそる一品

263kcal

材料

さわら ………… 1切れ（80g）
　しょうゆ ……… 小さじ1
しその葉 …………… 4枚
A｜天ぷら粉・水
　　………… 各大さじ1
サラダ油 ………… 大さじ3

作り方

1. さわらは4等分のそぎ切りにし、しょうゆをまぶす。ボールにAを合わせる。
2. 魚の汁気をペーパータオルでふき、しその葉ではさむ。Aをまぶす。
3. 小さめのフライパンに油を温め、2を中火でカラリと揚げ焼きにする（時々上下を返す）。

おかずの組み合わせ例

きのこのしょうが風味(p.180)
＋切り干しだいこんと大豆の"まだか"漬け(p.184)

魚介のおかず

ぶり

ぶりのぽん酢照り焼き

下味とたれの両方に、ぽん酢を活用します

264kcal

材料

ぶり …………… 1切れ(80g)
ぽん酢しょうゆ
　………… 大さじ1/2
サラダ油 ………… 小さじ1
A ┃ みりん ……… 大さじ1
　┃ ぽん酢しょうゆ
　　………… 大さじ1/2

作り方

1. ぶりは3、4等分のそぎ切りにする。ぽん酢大さじ1/2で下味をつけ、2〜3分おく。Aは合わせる。

2. ぶりの汁気をペーパータオルでふく。フライパンに油を温め、ぶりの両面を中火で2〜3分、焼き色がつくまで焼く。

3. 端に寄せ、フライパンの脂をペーパータオルでふきとる。Aを加えて煮からめる。

おかずの組み合わせ例　かぶのめんたい炒め(p.171)＋ゆでさやいんげん

ぶりの韓国風照り焼き

焼き肉のたれは、魚の味つけにも使えます

246kcal

材料

ぶり ………… 1切れ（80g）
　塩・こしょう ….. 各少々
しいたけ ……………… 2個
サラダ油 ……… 小さじ1/2
A ｜ 酒 ……… 大さじ1・1/2
　　｜ 焼き肉のたれ（市販）
　　｜ ………… 大さじ1

作り方

1. しいたけは石づきを除き、5mm幅に切る。ぶりは3、4等分のそぎ切りにし、塩、こしょうをふる。Aは合わせる。

2. フライパンに油を温め、ぶりの両面を中火で2〜3分、焼き色がつくまで焼く。

3. 端に寄せ、フライパンの脂をペーパータオルでふきとる。しいたけとAを加えて煮からめる。

おかずの組み合わせ例

コーンいり卵(p.126) + オクラのわさびじょうゆあえ(p.161)

魚介のおかず

まぐろ

まぐろのオイスター風味
夕飯で残った刺身が、お弁当おかずに大変身！

95kcal

材料

まぐろ（刺身用）
　　　　……4切れ（80g）
　しょうゆ………小さじ1
　かたくり粉…大さじ1/2
ピーマン……………1個
ごま油………大さじ1/2
A｜酒……………小さじ2
　｜オイスターソース
　　　　………小さじ1

作り方

1. まぐろはしょうゆをまぶして約3分おく。ピーマンはひと口大に切る。Aは合わせる。
2. まぐろの汁気をペーパータオルでふき、かたくり粉をまぶす。
3. フライパンにごま油を温め、ピーマン、まぐろの両面を中火で2～3分、色よく焼く。Aを加えて煮からめる。

おかずの組み合わせ例　かんたん肉じゃが（p.148）＋甘酢れんこん（p.169）

Memo まぐろは、前日から下味につけておいてもOK。しっかり味がつき、くさみもとれます。

まぐろの南蛮漬け

まぐろは少ない油で揚げ焼きに。シャキシャキのれんこんと一緒にどうぞ

187kcal

材料

まぐろ（刺身用）
　　　　　……4切れ（80g）
　かたくり粉 … 大さじ1/2
れんこん ………… 30g
サラダ油 ……… 大さじ2
A｜酢 ………… 大さじ1
　｜しょうゆ・みりん
　｜　……… 各大さじ1/2
　｜砂糖 …… 小さじ1/2
　｜一味とうがらし … 少々

作り方

1. まぐろは酒小さじ1（材料外）をふって約3分おく。れんこんは皮をむき、2〜3mm幅の輪切りまたは半月切りにする。ボールにAを合わせる。

2. まぐろの汁気をペーパータオルでふき、かたくり粉をまぶす。

3. 小さめのフライパンに油を温め、れんこん、まぐろの両面を中火で焼く。軽く色づいたら、とり出してAにつける。

★ 汁気をきって詰める。

おかずの組み合わせ例
かに玉風いり卵(p.127)＋ブロッコリーのからしあえ(p.162)

えびのケチャップ炒め

一味とうがらしをふれば、えびチリ風にもアレンジ可能！

☺ **136kcal**
子ども

材料

むきえび	50g
A　塩	少々
酒・かたくり粉	各大さじ1/2
たまねぎ	30g
サラダ油	大さじ1/2
B　トマトケチャップ	大さじ1
酒	大さじ1
スープの素	小さじ1/4
塩・こしょう	各少々

作り方

1. 〈えびの下処理〉えびは背わたがあればとる。Aを順にふってもみこみ、水で洗う。ペーパータオルで水気をふく。
2. たまねぎは薄切りにする。Bは合わせる。
3. フライパンに油を温め、たまねぎを中火でしんなりするまで炒める。えびを加えて1分ほど炒め、Bを加えて汁気がなくなるまで炒める。

Memo 1の下処理は、ぜひ覚えておきたいもの。ひと手間かかりますが、えびのくさみがとれ、冷凍のえびでもぐっとおいしく仕上がりますよ。

魚介のおかず　えび

たたきごぼうのサラダ (p.176)
73kcal

えびの
ケチャップ炒め

アスパラガスの
おかかまぶし (p.157)
15kcal

魚介のおかず

えび

えびのかき揚げ

衣に塩味がついているので、天つゆなしでおいしい

147kcal

材料

むきえび ……………… 50g
A | p.106と同じ
ねぎ ………………… 15cm
B | 天ぷら粉 …… 大さじ2
　 | 水 …… 大さじ1・1/2
　 | 塩 ………………… 少々
サラダ油 ………… 大さじ3

作り方

1. えびは下処理をする (p.106 1 参照)。ねぎは小口切りにする。ボールにえび、ねぎを入れ、天ぷら粉大さじ1/2（材料外）をふって混ぜる。

2. 別のボールにBを合わせ、1を加えて混ぜる。

3. 小さめのフライパンに油を中火で温め、2を1/3量ずつスプーンですくって入れる。色づいたら裏返し、カリッとするまで揚げ焼きにする。

おかずの組み合わせ例　オクラのみそコーン炒め(p.161)＋ゆでにんじん

えびとブロッコリーの塩炒め

ブロッコリーは下ゆで不要。これ一品で、お弁当が彩り豊かに

121kcal

材料

むきえび ………… 50g
A | p.106と同じ
かたくり粉 …… 小さじ1
ブロッコリー ………… 30g
サラダ油 ……… 大さじ1/2
B | しょうがのすりおろし
　　………… 小さじ1/2
　塩 ………… 小さじ1/8
　水 ………… 大さじ2
　こしょう ………… 少々

作り方

1. えびは下処理をする(p.106 1参照)。塩・こしょう各少々(材料外)で下味をつけ、かたくり粉小さじ1をまぶす。

2. ブロッコリーは小さめの房に分ける。Bは合わせる。

3. フライパンに油を温め、えびを中火で2〜3分炒める。ブロッコリーを加えてさらに炒める。油がまわったらBを加え、ふたをして2〜3分蒸し焼きにする。

おかずの組み合わせ例

にんじんのごまみそあえ(p.133)＋ごぼうの甘辛焼き(p.177)

魚介のおかず シーフードミックス

シーフードのすし酢マリネ

シーフードミックスを酒蒸しして、くさみをとるのがポイント

131kcal

材料

シーフードミックス(冷凍) …… 100g
　酒 ……………………… 大さじ1/2
ミニトマト ………………………… 3個
A
　すし酢(市販) ………… 大さじ1
　オリーブ油 …………… 小さじ1
　黒こしょう ………………… 少々

作り方

1. フライパンにシーフードミックスを凍ったまま入れ、酒を加える。ふたをして、中火で2〜3分蒸し焼きにする。
2. ミニトマトはへたをとって洗う。ボールにAを合わせ、ミニトマトを加える。1の汁気をきってつける。

★ 汁気をきって詰める。

Memo　すし酢は、マリネやピクルスを作るときにも便利。手軽に味が決まります。砂糖大さじ1/2、酢大さじ1、塩少々を合わせたもので、代用もできます。

シナモンかぼちゃ(p.141)
128kcal

シーフードの
すし酢マリネ

ゆでさやいんげん

魚介のおかず ほたて

ほたてのマヨしょうゆ焼き

油の代わりにマヨネーズで焼き、味つけも兼ねます

146kcal

材料

ほたて貝柱 …… 3個(75g)
塩・こしょう …… 各少々
小麦粉 ………… 小さじ1
エリンギ …… 小1本(30g)
マヨネーズ ……… 小さじ2
しょうゆ ………… 少々

作り方

1. エリンギは長さを半分に切り、縦4〜6つ割りにする。ほたては塩、こしょうをふって、小麦粉をまぶす。

2. フライパンにマヨネーズを弱めの中火で温め、ほたての両面を色よく焼く。エリンギを加えて炒める。しょうゆを数滴たらして火を止める。

おかずの組み合わせ例
パセリチーズオムレツ(p.123) + にんじんとツナのサラダ(p.132)

子ども

ほたてのコーン炒め

コーンの甘味をいかして、調味料は塩、こしょうのみ

73kcal

材料

ベビーほたて(ボイル)
　……………6個(50g)
コーン(ホール)………20g
サラダ油…………小さじ1
塩・こしょう………各少々
パセリ(みじん切り
　または乾燥)………少々

作り方

1　フライパンに油を温め、ほたてを中火で炒める。

2　軽く焼き色がついたら、コーンを加えてさらに炒める。塩、こしょうで味をととのえ、パセリをふって混ぜる。

おかずの組み合わせ例

長いものごまみそ焼き(p.173)＋ミニトマト

一品弁当

寝坊してしまって、おかずを何品も作る時間がない…。
そんなときは、一品でたんぱく質も野菜も炭水化物もとれる、
これらのお弁当はいかがでしょう？
どれもさっと作れて、味は折り紙つきです！

502kcal

しょうが豚丼

おいしさの秘密は、しょうがの効いた特製だれにあり

材料

豚薄切り肉（肩ロース）
　　　　　　　　　60g
A ｜ 塩 …………… 少々
　 ｜ 酒 ………… 小さじ1
かたくり粉
　　　　　　 大さじ1/2
キャベツ ………… 50g
サラダ油 ……… 小さじ1
B ｜ たまねぎ ……… 10g
　 ｜ しょうがのすりおろし
　 ｜ 　　　　 小さじ1/2
　 ｜ すりごま（白）
　 ｜ 　　　　　 小さじ1
　 ｜ しょうゆ・酒・みりん
　 ｜ ……… 各小さじ1
温かいごはん …… 150g

作り方

1. キャベツはひと口大に切る。たまねぎはすりおろす。豚肉は食べやすく切り、Aをふって、かたくり粉をまぶす。Bは合わせる。
2. フライパンに油を温め、肉を広げて入れる。強めの中火で、両面に軽く焼き色がつくまで焼く。キャベツを加えて炒め、少ししんなりしたら、Bを加えてからめる。さます。

★ 弁当箱にごはんをよそってさまし、2をのせる。

たれに入れるたまねぎとしょうがは、すべてすりおろしにします。みじん切りにするよりかんたん。

115

牛ごぼうごはん

歯ごたえのあるごぼう&まいたけを加えて、満足感たっぷり

479kcal

材料

牛切り落とし肉(肩ロース)
　　　………………… 40g
ごぼう ……………… 30g
まいたけ …………… 30g
サラダ油 ……… 小さじ1
A ┃ 砂糖 …… 大さじ1/2
　 ┃ しょうゆ・酒・みりん
　 ┃ …… 各大さじ1/2
温かいごはん …… 150g
紅しょうが ……… 適量

作り方

1　ごぼうは皮をこそげ、縦半分に切ってから、斜め薄切りにする。水にさらして、水気をきる。まいたけは小房に分ける。

2　牛肉はひと口大に切る。Aは合わせる。

3　フライパンに油を温め、ごぼうを中火で約2分炒める。肉、まいたけ、Aを加え、煮立ったら弱火にして、2〜3分、汁気がなくなるまで煮る。

4　ごはんに3を混ぜ、さます。

★ 弁当箱によそい、紅しょうがを添える。

ピーマンと焼き豚のサンド

甘からく炒めたピーマンと焼き豚がよく合います

325kcal

材料

- ピーマン……………1個
- パプリカ(赤)………20g
- 焼き豚………2枚(40g)
- ごま油………小さじ1/2
- A
  - 砂糖・しょうゆ……各小さじ1/2
  - みりん……小さじ1
- ロールパン…………2個
- マヨネーズ…………少々

作り方

1. ピーマンは縦半分に切って種を除き、2〜3mm幅に切る。パプリカは長さを半分に切り、2〜3mm幅に切る。Aは合わせる。

2. フライパンにごま油少々(材料外)を温め、焼き豚の両面をさっと焼き、とり出す。続いて、ごま油小さじ1/2をたし、ピーマン、パプリカを中火で炒める。しんなりしたらAを加え、汁気がなくなるまで炒める。

3. ロールパンの厚みに切りこみを入れ、マヨネーズを塗り、2をはさむ。

312kcal

マカロニナポリタン

ゆで時間の短い、早ゆでタイプのマカロニを使います

材料

ブロッコリー ……… 30g
たまねぎ …………… 30g
ベーコン …… 1枚(20g)
バター ………………… 5g
A ｜ トマトジュース
　　（有塩）…… 100mℓ
　｜ 水 ……………… 100mℓ
　｜ スープの素
　　………… 小さじ1/6
マカロニ* ………… 40g
B ｜ トマトケチャップ
　　……… 大さじ1/2
　｜ 塩・こしょう
　　………………各少々

＊早ゆでタイプ（ゆで時間が3～4分）のもの。

作り方

1. ブロッコリーは小さめの房に分ける。たまねぎは薄切りに、ベーコンは5mm幅に切る。

2. フライパンにバターを溶かし、たまねぎ、ベーコンを中火で炒める。たまねぎがしんなりしたら、Aを加える。煮立ったらマカロニ、ブロッコリーを順に加え、時々混ぜながら、強めの中火で煮汁がなくなるまで3～4分煮る（ふたはしない）。Bで味をととのえる。

マカロニは下ゆでせず、野菜と一緒にトマトジュースで煮ます。使う鍋がひとつですむので、あと片付けもラク。

中華風焼きうどん

レンジで作ったとは思えないおいしさ！

333kcal

材料

チンゲンサイ
　………1/2株(75g)
しいたけ…………2個
桜えび(乾燥)………5g
冷凍うどん…1玉(200g)

A ┃ 砂糖………小さじ1
　┃ オイスターソース
　┃ …………小さじ1
　┃ しょうゆ…小さじ2
　┃ ごま油……小さじ1

作り方

1　冷凍うどんは袋の口を開け、電子レンジで2〜3分(500W)加熱し、ほぐす。チンゲンサイは3cm長さに切り、茎元は縦に2〜3等分にする。しいたけは石づきを除き、薄切りにする。

2　Aは合わせる。

3　耐熱容器に1と桜えびを入れ、Aを全体にかける。ふんわりとラップをかけ、電子レンジで約2分加熱する。とり出してよく混ぜ、さらに電子レンジで約2分加熱する。全体をよく混ぜ、味をなじませる。

卵のおかず

卵のおかず / 卵

にんじんオムレツ

卵&にんじんは相性バツグン

176kcal

材料

卵 …………………… 1個
A │ 牛乳 ………… 大さじ1
　│ 塩・こしょう … 各少々
にんじん …………… 40g
塩・こしょう ……… 各少々
バター ……………… 10g

Memo とろっと半熟がおいしいオムレツですが、お弁当に入れるときはNG。形を整えたあと、余熱を使ってしっかり中まで火を通します。

作り方

1. にんじんはせん切りにする。小さめのフライパンにバター5gを溶かし、にんじんを中火で炒める。塩・こしょう各少々をふって混ぜ、とり出してさます。

2. ボールに卵をときほぐし、A、にんじんを加えて混ぜる。

3. 1のフライパンにバター5gをたして、強めの中火で溶かし、2を流し入れ、菜箸で混ぜる。半熟になったら片端に寄せ、木の葉形に整え、火を止める。ふたをして、余熱で中まで火を通す。

★ 食べやすく切って詰める。

パセリチーズオムレツ

チーズのコクが効いています

157kcal

材料

卵 ……………………… 1個

A
- ピザ用チーズ …… 10g
- 牛乳 ……… 大さじ1/2
- 塩・こしょう … 各少々
- パセリ（みじん切りまたは乾燥）…… 少々

バター ………………… 5g

作り方

1. ボールに卵をときほぐし、Aを加えて混ぜる。
2. 小さめのフライパンにバターを強めの中火で溶かし、1を流し入れ、菜箸で混ぜる。半熟になったら片端に寄せ、木の葉形に整え、火を止める。ふたをして、余熱で中まで火を通す。

★ 食べやすく切って詰める。

しらす卵焼き

しらすを加えてカルシウムアップ！

97kcal

材料

卵 ……………………… 1個

A
- しらす干し ………… 5g
- 酒 …………… 小さじ1
- 塩 ………………… 少々

サラダ油 ……………… 少々

Memo 卵焼き器がない場合は、小さめのフライパンでもOK。フライパンに油をひいて中火で温め、*1*の1/2量を入れて広げ、同様に巻きます。卵焼き器で作るよりも、細長い卵焼きになります。

作り方

1. ボールに卵をときほぐし、Aを加えて混ぜる。

2. 卵焼き器に油をひいて中火で温め、*1*の1/3量を入れて広げる。半熟になったら手前に巻き、向こう側にすべらせる。

3. 卵焼き器のあいたところに油を塗る。*1*の1/3量を流し、*2*を持ち上げ、下にも卵液を流す。半熟になったら手前に巻く。もう一度くり返す。火を止め、余熱で中まで火を通す。

★ 食べやすく切って詰める。

なめたけ卵焼き

なめたけは具にも調味料代わりにもなります

材料

卵 ································ 1個
A ┃ なめたけ(市販) ············ 15g
　┃ みりん ················ 小さじ1
　┃ しょうゆ ···················· 少々
サラダ油 ························ 少々

作り方

p.124のしらす卵焼きと同じ。

105kcal

青のり卵焼き

だしの代わりに牛乳を加えて

116kcal

材料

卵 ································ 1個
A ┃ 牛乳 ·················· 大さじ1
　┃ 砂糖 ·················· 小さじ1
　┃ 青のり ············· 小さじ1/2
　┃ みりん ············· 小さじ1/2
　┃ 塩 ·························· 少々
サラダ油 ························ 少々

作り方

p.124のしらす卵焼きと同じ。

子ども

卵のおかず 卵

子ども

コーンいり卵

コーンのプチプチ食感が楽しいひと品

131kcal

材料

卵 ………………… 1個
A ｜ コーン（ホール）…… 30g
　｜ 牛乳 …………… 大さじ1
　｜ 塩・こしょう … 各少々
サラダ油 ……… 小さじ1/2

作り方

1 ボールに卵をときほぐし、Aを加えて混ぜる。
2 フライパンに油を強めの中火で温め、1を流し入れる。菜箸で大きく混ぜながら、しっかり火を通す。

Memo ふんわり仕上げたい、いり卵。でも、お弁当に入れるときは長めにいりつけ、完全に火を通しましょう。

かに玉風いり卵

かにかまを入れて彩りよく

110kcal

材料

卵 …………………… 1個
A ｜ かに風味かまぼこ …………… 1本
　｜ 万能ねぎ ………… 1本
　｜ 塩・こしょう … 各少々
サラダ油 ……… 小さじ1/2

作り方

1. かにかまは1.5cm長さに切ってほぐす。万能ねぎは小口切りにする。
2. ボールに卵をときほぐし、Aを加えて混ぜる。
3. フライパンに油を強めの中火で温め、2を流し入れる。菜箸で大きく混ぜながら、しっかり火を通す。

卵のおかず / 卵

[レンジ]

かんたんキッシュ
シリコンカップで手軽に作れます

209kcal

材料

卵 ……………………… 1個
A
- 粉チーズ …… 大さじ1
- マヨネーズ …… 小さじ1
- こしょう ………… 少々

ウィンナーソーセージ
……………… 1本(20g)
パプリカ(赤) ………… 20g

作り方

1. パプリカは5mm角に、ソーセージは5mm厚さに切る。
2. ボールに卵をときほぐし、A、1を加えて混ぜる。
3. シリコンカップ(容量約75mlのもの)2個にそれぞれマヨネーズ少々(材料外)を薄く塗り、2を半量ずつ流し入れる。電子レンジで約1分30秒(500W)加熱する(ラップはしない)。

Memo シリコンカップがない場合は、小さめの耐熱容器にラップを敷いて、卵液を流し入れ、電子レンジで同様に加熱してもOK。ラップの口をしぼって、そのままお弁当に詰めます。

卵の袋煮

メインにもなるボリュームおかず

177kcal

材料

- 卵 ……………………… 1個
- 油揚げ* ……………… 1/2枚
- A
  - 酒・みりん
    - ………… 各大さじ1
  - しょうゆ … 大さじ1/2
  - 砂糖 ………… 小さじ1
- つまようじ …………… 1本

*手揚げ風でない、中が開けるもの。

作り方

1. 卵は器などに割り入れる。油揚げは袋状に開いて、卵を入れ、口をつまようじでとめる。
2. Aは合わせる。
3. 小さめのフライパンに 1 を入れ（油は入れない）、ふたをして中火で2〜3分焼く。裏返してさらに2〜3分焼く。
4. Aを加えてふたをし、1〜2分煮て中まで火を通す（箸で押してみて、弾力があれば火が通っている）。

★ ようじをはずし、半分に切って詰める。

卵のおかず / うずら卵

子ども

うずら卵のカレーしょうゆ煮

たった5分煮るだけで、カレー色がつきます

128kcal

材料

うずら卵(水煮) ……… 6個
A ┃ 水 ……………… 50ml
　┃ カレー粉 … 小さじ1/3
　┃ しょうゆ・みりん
　┃ ………… 各小さじ1
つまようじ …………… 3本

作り方

1 小鍋にAを合わせ、うずら卵を加える。時々鍋をかたむけて、卵全体が煮汁につかるようにしながら、中火で約5分煮る(ふたはしない)。

★ つまようじに2個ずつ刺して詰める。

野菜のおかず

野菜のおかず

にんじん

にんじんとツナのサラダ

ツナを加えてボリュームアップ

47kcal

材料

にんじん ……………… 50g
ツナ缶詰 …… 小1/2缶(35g)
A│酢 …………… 小さじ1
　│塩・こしょう … 各少々

作り方

1. にんじんは斜め薄切りにしてから、せん切りにする。耐熱容器に入れ、ラップをかけて、電子レンジで約1分(500W)加熱する。

2. ボールにツナの缶汁をきって入れ、Aを加えて混ぜる。にんじんを加えてあえる。

Memo にんじんやパプリカなど生で食べられる野菜も、お弁当に入れるときはなるべく加熱を。味もしみこみやすくなります。

にんじんのごまみそあえ

にんじんの甘味が引き立ちます

60kcal

材料

にんじん ………… 50g

A
- すりごま(白)
  ………… 大さじ1/2
- 砂糖 ……… 小さじ1/2
- みそ・みりん
  ………… 各小さじ1

作り方

1. にんじんは4cm長さ、1cm幅のたんざく切りにする。耐熱容器に入れ、ラップをかけて、電子レンジで約1分30秒(500W)加熱する。
2. ボールにAを合わせ、にんじんを加えてあえる。

野菜のおかず にんじん

にんじんのソース炒め
ウスターソースやオイスターソースでもOK

47kcal

材料

にんじん …………… 50g
サラダ油 ……… 小さじ1/2
A │ 中濃ソース
  │ ………… 大さじ1/2
  │ 酒 ………… 大さじ1/2

作り方

1 にんじんは4cm長さ、5mm角の棒状に切る。Aは合わせる。

2 フライパンに油を温め、にんじんを中火で炒める。しんなりしたらAを加え、汁気がなくなるまで炒める。

にんじんの梅サラダ

梅干し&酢でさっぱり。いたみにくい効果も

39kcal

材料

にんじん ……………… 50g

A
- 梅干し ………… 正味5g
- 酢 …………… 小さじ1
- オリーブ油 ………… 小さじ1/2
- 砂糖 …………… 少々

作り方

1. にんじんは縦半分に切ってから、斜め薄切りにする。耐熱容器に入れ、ラップをかけて、電子レンジで約1分(500W)加熱する。

2. 梅干しは果肉を5gとり、これを包丁でたたく。ボールに A を順に加えて混ぜる。にんじんを加えてあえる。

Memo 梅干しの代わりに、チューブの梅ペーストを使っても。梅干し正味5g=梅ペースト小さじ1/3(約1cm)がめやすです。

野菜のおかず / ミニトマト

ミニトマトの塩こんぶ風味
塩こんぶをトマトのへたに見立てて

19kcal

材料

ミニトマト 5個
塩こんぶ .... ひとつまみ

作り方

1. ミニトマトはへたをとって洗う。へたのあった側に、十文字に深く切りこみを入れる。塩こんぶは、長ければキッチンばさみで切る。
2. ミニトマトの切りこみに、塩こんぶを竹串で差しこむ。

Memo ミニトマトのへたには、細菌がつきやすい。必ずとってから、お弁当に詰めます。

ミニトマトのハニーピクルス

レンジを使うと、短時間で漬けられます

79kcal

材料

ミニトマト ………… 5個

A
- はちみつ・酢
  ………… 各大さじ1
- 塩 ………… 小さじ1/3
- 黒こしょう ……… 少々

作り方

1. ミニトマトはへたをとって洗う。へたのあった側に、十文字に浅く切りこみを入れる。

2. 耐熱容器に A を合わせ、ミニトマトを加える。ラップをかけ、電子レンジで約30秒 (500W) 加熱する。ラップをとり、全体をよく混ぜてなじませる。

★ 汁気をきって詰める。

Memo 汁気の多いおかずをそのまま詰めると、味が移るだけでなく、いたみやすくなります。汁気はしっかりきり、カップなどに入れましょう。

パプリカのくたくた煮

パプリカ＆めんつゆの意外な組み合わせ

材料

パプリカ …………… 1/2個(80g)
A | めんつゆ(3倍濃縮) ………………… 大さじ1
  | 水 ………………… 大さじ3

作り方

1 パプリカは2〜3mm幅に切る。
2 小鍋にパプリカとAを入れ、弱めの中火で汁気がなくなるまで煮る(ふたはしない)。

39kcal

パプリカの粒マスタードあえ

粒マスタードの酸味が◎

37kcal

材料

パプリカ …………… 1/2個(80g)
A | 粒マスタード ……… 小さじ1
  | しょうゆ ………… 小さじ1/3

作り方

1 パプリカは長さを半分に切り、5mm幅に切る。
2 耐熱容器にパプリカを入れ、ラップをかけて、電子レンジで約1分(500W)加熱する。Aを加えて混ぜる。

レンジ

パプリカのピーナッツあえ

ピーナッツバターはパンに塗るだけにあらず！

材料

パプリカ ……………… 1/2個(80g)

A ｜ ピーナッツバター
　　（粒入り・加糖）…… 小さじ2
　　しょうゆ ………… 小さじ1/2

作り方

1　パプリカは1cm角に切る。
2　耐熱容器にパプリカを入れ、ラップをかけて、電子レンジで約1分（500W）加熱する。熱いうちにAを加えて混ぜる。

レンジ　子ども

72kcal

焼きパプリカのマリネ

イタリア料理のペペロナータを手軽にアレンジ

82kcal

材料

パプリカ（乱切り） ….. 1/2個(80g)

A ｜ 砂糖 ……………… 小さじ1/2
　　酢 ………………… 大さじ1
　　オリーブ油 ……… 大さじ1/2
　　塩・こしょう・ドライハーブ … 各少々

作り方

1　ボールにAを順に合わせる。
2　フライパンにオリーブ油小さじ1/2（材料外）を温め、パプリカを中火で焼き色がつくまで炒める。Aに加えてあえる。

★ 汁気をきって詰める。

139

野菜のおかず

かぼちゃ

レンジ

かぼちゃの煮つけ風

定番煮ものがレンジで作れます

110kcal

材料

冷凍かぼちゃ … 3切れ（90g）

A
| 砂糖・みりん
| ……… 各大さじ1/2
| しょうゆ …… 小さじ1
| 塩 ……………… 少々

作り方

1. 耐熱容器にAを合わせ、凍ったままのかぼちゃを皮を上にして並べる。ラップで落としぶたをし、さらにラップをかけて、電子レンジで約2分（500W）加熱する。

2. 上下を返してさらに約1分加熱し、そのまま2〜3分むらす。

Memo ふつうのかぼちゃを使う場合は、かぼちゃ正味90gを4〜5cm大に切り、同様に作ります（加熱時間も同じでOK）。

シナモンかぼちゃ

デザート代わりにもおすすめ

128kcal

材料

冷凍かぼちゃ … 3切れ (90g)
水 …………… 小さじ2

A
- バター ………… 5g
- 砂糖 ……… 大さじ1/2
- シナモンパウダー
  ………… 小さじ1/8

作り方

1. 耐熱容器に、凍ったままのかぼちゃを皮を下にして並べ、分量の水を加える。ラップをかけ、電子レンジで約2分 (500W) 加熱する。上下を返し、さらに約2分加熱する。

2. 熱いうちに、かぼちゃの皮を除く (やけどに注意)。ボールにかぼちゃを入れて、フォークなどでざっくりつぶし、Aを加えてあえる。

野菜のおかず／さつまいも

さつまいものオレンジジュース煮

ジュースでつやよく煮ます。甘ずっぱくておいしい！

202kcal

材料

さつまいも …………… 80g
オレンジジュース
　（果汁100%）……… 150mℓ
砂糖 ……………… 大さじ1

作り方

1. さつまいもはよく洗い、皮つきのまま6〜7mm厚さの輪切りまたは半月切りにする。水にさらして水気をきる。

2. 小鍋にすべての材料を入れて火にかける。煮立ったらアクをとり、弱めの中火で7〜8分、いもがやわらかくなるまで煮る（ふたはしない）。火を強め、煮汁がほとんどなくなるまで煮つめる。

さつまいものピリ辛煮

ピリ辛味が食欲をそそります

159kcal

材料

さつまいも ………… 80g
A
| 水 ………… 大さじ1
| 砂糖 ………… 小さじ1
| しょうゆ …… 小さじ2
| ごま油 ……… 小さじ1
一味とうがらし ……… 少々

作り方

1. さつまいもはよく洗い、皮つきのまま4〜5cm長さの細切りにする。水にさらして水気をきる。

2. 耐熱容器にAを合わせ、さつまいもを入れて混ぜる。ふんわりとラップをかけ、電子レンジで3〜4分（500W）、いもがやわらかくなるまで加熱する。ラップをとって全体を混ぜ、一味とうがらしをふる。

野菜のおかず さつまいも・じゃがいも

さつまいものごま塩炒め

シンプルですが、まちがいない味

125kcal

材料

さつまいも …………… 80g
ごま油 ………… 小さじ1/2
A | いりごま(黒)
　　………… 小さじ1/2
　| 砂糖・塩 ……… 各少々

作り方

1 さつまいもはよく洗い、皮つきのまま4〜5cm長さの細切りにする。水にさらして水気をきる。

2 フライパンにごま油を温め、さつまいもを中火で2〜3分炒める。Aをふって混ぜる。

じゃがいものベーコン炒め

大人も子どもも大好き！

170kcal

材料

じゃがいも … 小1個（100g）
ベーコン ………… 1枚（20g）
サラダ油 ……… 小さじ1/2
塩・黒こしょう ….. 各少々

Memo じゃがいもをあらかじめレンジ加熱しておくと、炒めたり揚げたりする時間が短縮できます。レンジにかけるときは、皮つきのまま丸ごとがおすすめ。うま味が逃げず、ホクホクに。

作り方

1. じゃがいもはよく洗い、皮つきのまま耐熱皿にのせ（ラップはしない）、電子レンジで約2分（500W）加熱する。さめたら皮をむき、2cm大に切る。

2. ベーコンは1cm幅に切る。

3. フライパンに油を温め、ベーコンを中火で炒める。脂が出てきたらじゃがいもを加え、軽く色づくまで炒める。塩、黒こしょうで味をととのえる。

野菜のおかず じゃがいも

子ども

揚げないポテト
たった小さじ1の油で、フライドポテトのできあがり!

114kcal

材料

じゃがいも … 小1個(100g)
サラダ油 ………… 小さじ1
ゆかり ………… 小さじ1/6

Memo ゆかりの代わりに、黒こしょうやカレー粉、ドライハーブなどをふってもおいしい(p.150のお弁当では、ドライハーブをふっています)。

作り方

1. じゃがいもはよく洗い、皮つきのまま耐熱皿にのせ(ラップはしない)、電子レンジで約2分(500W)加熱する。縦に6つ割りにする。

2. フライパンに油を温め、じゃがいもを中火で約3分、焼き色がつくまで焼く。ゆかりをふる。

レンジで粉ふきいも

レンジにかけたあと、よく振ると粉ふき風に

68kcal

材料

じゃがいも … 小1個(100g)
A ┃ 塩・こしょう … 各少々
　┃ パセリ(みじん切り
　┃ 　または乾燥) …… 少々

作り方

1 じゃがいもは皮をむき、2cm大に切る。深めの耐熱容器に入れ、ラップをかけて、電子レンジで約2分(500W)加熱する。そのまま1〜2分むらす。

2 ラップをしたまま、耐熱容器を振る。ラップをとり、Aをふって混ぜる。

野菜のおかず / じゃがいも

かんたん肉じゃが

コンビーフ&レンジであっという間に作れます

153kcal

材料

じゃがいも … 小1個(100g)
コンビーフ …………… 30g
A
  しょうがのすりおろし
  ………… 小さじ1/2
  砂糖 ……… 小さじ1/2
  しょうゆ・酒・みりん
  ………… 各小さじ1

作り方

1 じゃがいもは皮をむき、2cm大に切る。水にさらして水気をきる。

2 耐熱容器にじゃがいも、コンビーフ（ざっとほぐす）、Aを入れて混ぜる。ラップをかけ、電子レンジで約3分(500W)加熱する。上下を返して、さらに1〜2分、煮汁がなくなるまで加熱する。

子ども

じゃがいものカレー煮

ホクホクおいもとカレー味の絶妙コンビ

78kcal

材料

じゃがいも … 小1個(100g)
スープの素 …… 小さじ1/4
A
砂糖 ……… 小さじ1/2
カレー粉 … 小さじ1/4

作り方

1. じゃがいもは皮をむき、1.5cm大に切る。水にさらして水気をきる。

2. 小鍋にじゃがいもを入れ、頭が少し見えるくらいの水とスープの素を加えて、火にかける。煮立ったらふたをして、中火で3〜4分ゆでる。

3. いもがやわらかくなったら、Aを加える。混ぜながら、汁気がなくなるまで煮る。

> ポカポカ陽気にさそわれて、お外で女子会!

春のうきうき ピクニック弁当

気持ちもはずむ春のお出かけには、カラフルなおかずがぴったり。お弁当を広げれば、「かわいい〜」「どうやって作るの?」なんて、ますますおしゃべりが止まらなくなりそう。

作り方

ジャムロールサンド　　　　　　　　　　　　　　　131kcal

1. サンドイッチ用食パン2枚に、それぞれ好みのジャム小さじ1を塗る(写真は、いちごジャムとブルーベリージャム)。
2. ラップを広げて1をのせ、手前からくるくると巻く。ラップで包み、そのまま食べやすく切る。

Point

★ 屋外で食べるときは、ラップやピックでつまめるようにするなど、なるべく手が汚れない工夫を。
★ お手ふきを持って行くと便利です。

お弁当FILE 03

揚げないポテト
(p.146・写真はドライハーブ
をふったもの) 114kcal

ミニトマトの
ハニーピクルス
(p.137) 79kcal

とり肉とアスパラガスの
マヨ炒め
(p.21) 202kcal

ジャムロールサンド

なめたけ卵焼き
(p.125)　105kcal

さけの竜田揚げ
(p.94)　197kcal

甘酢れんこん
(p.169)　76kcal

小松菜のピリ辛炒め
(p.165)　60kcal

きのこわさび
(p.182・写真は1/2食分)
19kcal

お弁当FILE 04

「心地よい秋風に吹かれながら、のんびりと」

秋のぜいたく 紅葉狩り弁当

色とりどりのもみじの下で食べるなら、さけにれんこん、きのこと、旬の味覚がたっぷり詰まった弁当がよく合います。目と舌で、秋を存分に味わいましょう。

point

★ 写真はひとり分ですが、人数分作って、大きなお弁当箱にまとめて詰めても。
★ 軽いお弁当箱を選ぶと、帰りの荷物がラクになります。

俵形おにぎり

野菜のおかず ピーマン

ピーマンのじゃこ炒め

甘から味で、箸がすすみます

77kcal

材料

ピーマン ………………… 2個
ちりめんじゃこ ………… 5g
ごま油 …………… 小さじ1
A│みりん …… 小さじ1/2
　│しょうゆ … 小さじ1/2

作り方

1 ピーマンは縦半分に切って種を除き、1cm幅に切る。Aは合わせる。

2 フライパンにごま油を温め、ピーマンを中火でさっと炒める。じゃこを加えてさらに炒める。ピーマンがしんなりしたら、Aを加えて混ぜる。

ピーマンとソーセージのケチャップ炒め

これならピーマン嫌いの子どもも食べやすい!

105kcal

材料

ピーマン ……………… 1個
ウィンナーソーセージ
　………………… 1本(20g)
サラダ油 ……… 小さじ1/2
A | トマトケチャップ
　　………… 大さじ1/2
　| みりん …… 大さじ1/2

作り方

1. ピーマンは縦半分に切って種を除き、乱切りにする。ソーセージは5mm厚さの斜め切りにする。Aは合わせる。

2. フライパンに油を温め、ピーマンとソーセージを中火で炒める。ピーマンがしんなりしたら、Aを加えて混ぜる。

野菜のおかず　アスパラガス

アスパラガスのオイスター炒め

アスパラを薄めに切って、下ゆでいらず

29kcal

材料

グリーンアスパラガス
　………………… 2本(40g)
サラダ油 ……… 小さじ1/2
A｜オイスターソース
　｜………… 小さじ1/2
　｜酒 ………… 小さじ1/2

作り方

1. アスパラガスは根元のかたい皮をむき、3cm長さの斜め切りにする。Aは合わせる。
2. フライパンに油を温め、アスパラガスを中火で炒める。軽く色づいたら、Aを加えて炒める。

アスパラガスのおかかまぶし

ブロッコリーやピーマンでも作れます

15kcal

材料

グリーンアスパラガス
　………………… 2本(40g)
けずりかつお
　……… 小1/2パック(2g)
しょうゆ …………… 少々

作り方

1. アスパラガスは根元のかたい皮をむき、3cm長さに切る。耐熱皿に並べて、ラップをかけ、電子レンジで30秒〜1分(500W)加熱する。
2. 1に、けずりかつおとしょうゆを加えて混ぜる。

野菜のおかず さやいんげん

レンジ

さやいんげんのごまマヨあえ

ごま＆マヨネーズでこっくりまろやか

58kcal

材料

さやいんげん ………… 50g

A
- すりごま(白)
  ………… 大さじ1/2
- 砂糖 ……… 小さじ1/4
- しょうゆ … 小さじ1/2
- マヨネーズ …. 小さじ1

作り方

1 さやいんげんはラップに包み、電子レンジで約1分(500W)加熱する。さめたら、4〜5cm長さの斜め切りにする。

2 ボールにAを合わせ、いんげんを加えてあえる。

さやいんげんの梅煮

材料を合わせて煮るだけ。ほっとする味わいです

31kcal

材料

さやいんげん ………… 50g
梅干し ………… 1個(15g)
だし(メモ参照) ……… 90ml
酒 ………………… 大さじ1
砂糖 …………… 小さじ1/2
しょうゆ ………… 小さじ1

作り方

1 さやいんげんは3cm長さに切る。

2 鍋にすべての材料を入れる。中火で5〜6分、ほとんど煮汁がなくなるまで煮る(ふたはしない)。

★ 梅干しと一緒に詰め、果肉をほぐしながら食べる。

Memo だしのとり方は、p.73を参考に。上記の場合は、熱湯100mlにけずりかつお3gを入れます。

野菜のおかず

ゴーヤ・オクラ

ゴーヤと桜えびの炒めもの

桜えびを加えて香ばしく。彩りも◎

42kcal

材料

ゴーヤ	80g
塩	小さじ1/4
桜えび(乾燥)	3g
ごま油	小さじ1/2
A 酒	小さじ1
しょうゆ	小さじ1/2

作り方

1. ゴーヤは縦半分に切って種とわたを除き、2〜3mm厚さに切る。塩をまぶして約5分おき、水気をしぼる。Aは合わせる。

2. フライパンにごま油を温め、ゴーヤを中火で軽く色づくまで炒める。桜えび、Aを加えて、さっと炒める。

オクラのわさびじょうゆあえ

わさびはとびやすいので、少し多めに効かせて

材料

オクラ 4本
A │ 練りわさび 小さじ1/4
　│ しょうゆ 小さじ1/2
　│ 砂糖 .... 少々

作り方

1. オクラはラップに包み、電子レンジで約30秒(500W)加熱する。さめたら、3等分の斜め切りにする。
2. ボールにAを合わせ、オクラを加えてあえる。

レンジ

15kcal

オクラのみそコーン炒め

オクラのねばねばにコーンがからみます

83kcal

材料

オクラ 4本
コーン(ホール) 20g
サラダ油 小さじ1
A │ 砂糖・みそ・酒 各小さじ1

子ども

作り方

1. オクラは長さを半分に切る。Aは合わせる。
2. フライパンに油を温め、オクラとコーンを中火で2〜3分炒める。Aを加え、全体を混ぜる。

野菜のおかず／ブロッコリー

レンジ

ブロッコリーのからしあえ

お弁当のすきま埋めに重宝します

16kcal

材料

ブロッコリー ………… 50g
A
　練りがらし
　　………… 小さじ1/3
　しょうゆ … 小さじ1/2
　みりん ………… 少々

作り方

1. ブロッコリーは小房に分ける。耐熱皿に並べて、ラップをかけ、電子レンジで約1分(500W)加熱する。
2. ボールにAを合わせ、ブロッコリーを加えてあえる。

ブロッコリーのチーズ焼き

カリカリのチーズが食感のアクセントに

55kcal

材料

ブロッコリー ………… 30g
マヨネーズ …… 大さじ1/2
粉チーズ ………… 小さじ1

作り方

1. ブロッコリーは小房に分ける。耐熱皿に並べて、ラップをかけ、電子レンジで約30秒(500W)加熱する。

2. アルミカップにブロッコリーを入れ、マヨネーズ、粉チーズを順にのせる。オーブントースター(またはグリル)で焼き色がつくまで約3分焼く。

野菜のおかず

小松菜

小松菜としめじのぽん酢炒め

さっと炒めて、ぽん酢で調味するだけ

51kcal

材料

- 小松菜 50g
- しめじ 30g
- サラダ油 小さじ1
- ぽん酢しょうゆ 小さじ1

作り方

1. 小松菜は3〜4cm長さに切る。しめじは根元を除き、小房に分ける。
2. フライパンに油を温め、1を中火で炒める。しんなりしたら、ぽん酢を加えてざっと混ぜる。

Memo お弁当に青菜を入れるなら、水気の出やすいおひたしよりも、炒めものがよいでしょう。小松菜はアクが少ないので、下ゆでせずに直接炒めてOK。

小松菜のピリ辛炒め

ラー油がピリッと味を引き締めます。量はお好みで

60kcal

材料

小松菜 …………………… 70g
ごま油 …………… 小さじ1
A
　しょうゆ・みりん
　　……… 各小さじ1/2
　中華スープの素 … 少々
　ラー油 ………… 少々

作り方

1. 小松菜は3～4cm長さに切る。Aは合わせる。
2. フライパンにごま油を温め、小松菜を中火でさっと炒める。Aを加えて混ぜる。

野菜のおかず キャベツ

子ども

キャベツのカレー炒め

かくし味の砂糖で、食べやすいカレー味に

62kcal

材料

キャベツ ………………… 80g
サラダ油 ………… 小さじ1
A
酒 ………… 大さじ1/2
カレー粉 …… 小さじ1/4
砂糖 ……… 小さじ1/4
スープの素・塩
　　　………… 各少々

作り方

1. キャベツは3〜4cm角に切る。Aは合わせる。
2. フライパンに油を温め、キャベツを中火でしんなりするまで炒める。Aを加え、ざっと混ぜる。

キャベツとコンビーフのレンジ蒸し

サンドイッチの具にもおすすめ

材料

キャベツ	60g
コンビーフ	30g
塩・黒こしょう	各少々

作り方

1. キャベツは3～4cm長さ、7～8mm幅に切る。コンビーフはざっとほぐす。
2. 耐熱皿にキャベツを入れ、コンビーフを散らす。ラップをかけ、電子レンジで約1分(500W)加熱する。水気をきり、塩、黒こしょうをふる。

73kcal

キャベツのナムル

レンジ加熱すると、かさが減って手早く切れます

54kcal

材料

キャベツ	80g
A 砂糖	小さじ1/4
A しょうゆ・酢	各小さじ1
A ごま油	小さじ1/2
いりごま(白)	小さじ1

作り方

1. キャベツはラップに包み、電子レンジで約1分(500W)加熱する。さめたら5mm幅に切り、水気をしぼる。
2. ボールにAを合わせ、キャベツを加えてあえる。ごまをふる。

野菜のおかず

れんこん

れんこんのかか煮

しみじみおいしい、定番おかず

60kcal

材料

れんこん ……………… 70g
けずりかつお
　……… 小1/2パック（2g）
A ｜ 水 ……………… 50㎖
　｜ しょうゆ・みりん
　　………… 各小さじ1

作り方

1. れんこんは皮をむき、小さめの乱切りにする。水にさらして水気をきる。

2. 小鍋にAとれんこん、半量のけずりかつおを入れ、火にかける。煮立ったら火を少し弱め、時々混ぜながら、汁気がなくなるまで煮る（ふたはしない）。残りのけずりかつおを加えて混ぜる。

甘酢れんこん

レンジでかんたん！ さっぱり味で箸休めにうれしい

76kcal

材料

れんこん ……………… 70g
A | 砂糖・水 …… 各大さじ1
　| 酢 …………… 大さじ2
　| 塩 …………… 少々

作り方

1. れんこんは皮をむき、5〜6mm厚さの半月切りにする。水にさらして水気をきる。
2. 耐熱容器にAを合わせ、れんこんを加える。ラップで落としぶたをし、さらにラップをかけて、電子レンジで1分〜1分30秒（500W）加熱する。

   ★ 汁気をきって詰める。

Memo 少ない調味料でも味をしみこみやすくするコツは、ラップで落としぶたをすること。材料の表面にラップをぴったり密着させます。

野菜のおかず / かぶ

かぶのオイルマリネ ゆずこしょう風味
ゆずこしょうを効かせて、大人の味わいに

78kcal

材料

かぶ ………… 1個（100g）
オリーブ油 …… 小さじ1/2
A | ゆずこしょう ………… 小さじ1/3
  | オリーブ油 …. 小さじ1
  | しょうゆ ………. 少々

作り方

1 かぶは1cm幅のくし形に切る。Aは合わせる。

2 フライパンにオリーブ油小さじ1/2を温め、かぶの両面を中火で焼き色がつくまで焼く。火を止め、Aを加えて混ぜる。

かぶのめんたい炒め

めんたいこの塩気で味つけ不要

50kcal

材料

- かぶ .... 1個（100g）
- サラダ油 小さじ1/2
- A
  - めんたいこ（薄皮は除く） 10g
  - 酒 小さじ1

作り方

1. かぶは5〜6mm幅のくし形に切る。Aは合わせる。
2. フライパンに油を温め、かぶの両面を中火で焼き色がつくまで焼く。Aを加えて混ぜ、めんたいこの色が変わったら火を止める。

だいこんのきんぴら

濃いめの味にすれば、だいこんのくさみも気になりません

59kcal

材料

だいこん ………… 80g
ごま油 ………… 小さじ1
A | しょうゆ … 大さじ1/2
　| 酒 ………… 小さじ1
七味とうがらし …… 少々

作り方

1. だいこんは、4cm長さの厚めのたんざく切りにする。Aは合わせる。
2. 小鍋にごま油を温め、だいこんを中火でしんなりするまで炒める。Aを加え、汁気がなくなるまで炒め煮にする。七味とうがらしをふる。

長いものゆかりあえ

ゆかりの紫がよく映えます

材料

長いも	80g
みりん	小さじ1/2
ゆかり	小さじ1/2

作り方

1. 長いもは皮をむき、3〜4cm長さ、7〜8mm角の棒状に切る。
2. 耐熱容器に長いもを入れ、みりんを加えてあえる。ラップをかけ、電子レンジで約1分（500W）加熱する。ゆかりをふって混ぜる。

レンジ

55kcal

長いものごまみそ焼き

甘めのみそを塗って、こんがりと焼きます

96kcal

材料

長いも	60g
サラダ油	小さじ1/2
A　みそ	大さじ1/2
砂糖	小さじ1
すりごま(白)	小さじ1

作り方

1. 長いもはよく洗い、皮つきのまま7〜8mm厚さに切る。Aは合わせる。
2. フライパンに油を温め、長いもの両面を中火で色よく焼く。表面にAを塗って裏返し、軽く焼き色をつける。

野菜のおかず

なす

レンジ　子ども

なすのケチャップ煮
オリーブ油がポイント。料理にコクが出ます

92kcal

材料

なす ……………… 1個(70g)
たまねぎ ……………… 30g
A ｜ トマトケチャップ
　　　…… 大さじ1・1/2
　｜ オリーブ油 …… 小さじ1
　｜ スープの素 ……… 少々
こしょう ……………… 少々

作り方

1　なすはへたを切り落とし、2cm角に切る。たまねぎは2cm角に切る。

2　耐熱容器になす、たまねぎ、Aを入れて混ぜる。ラップはせずに、電子レンジで約2分(500W)加熱する。とり出してよく混ぜ、さらに約2分加熱する。こしょうをふり、全体を混ぜる。

なすのベーコン焼き

なすがベーコンのうま味を吸って美味

133kcal

材料

なす	1個(70g)
ベーコン	1枚(20g)
サラダ油	小さじ1
しょうゆ	少々

作り方

1. なすはへたを切り落とし、縦半分に切る。皮に格子状に切り目を入れる。ベーコンは長さを半分に切る。
2. フライパンに油を温め、なすの両面を中火で焼き色がつくまで焼く。
3. なすを端に寄せてベーコンを並べ、なすを皮側を上にしてのせる。ふたをして、弱火で約2分蒸し焼きにする。ふたをとってしょうゆをかけ、汁気をとばす。

★ 半分に切って詰める。

野菜のおかず / ごぼう

レンジ

たたきごぼうのサラダ

ぽん酢で下味をつけるのがミソ

73kcal

材料

ごぼう ……………… 50g
ぽん酢しょうゆ …… 小さじ1
A ┃ マヨネーズ
　┃　………… 大さじ1/2
　┃ 砂糖 …………… 少々

作り方

1. ごぼうは皮をこそげ、ラップに包む。電子レンジで約2分（500W）加熱する。熱いうちにめん棒などでたたいて、4cm長さに切る（やけどに注意）。

2. ごぼうをボールに入れ、ぽん酢を加えてあえる。さめたら、Aを加えて混ぜる。

Memo ごぼうの皮をこそげるには、アルミホイルを使うとラク。クシャッと丸め、力を入れてこすります。

ごぼうの甘辛焼き

思わず箸が止まらなくなる一品！

79kcal

材料

- ごぼう …………………… 50g
- かたくり粉 … 大さじ1/2
- サラダ油 ………… 大さじ2
- A
  - 砂糖 ……… 小さじ1/2
  - しょうゆ・酢 ……… 各小さじ1/2
- 一味とうがらし ……… 少々

作り方

1. ごぼうは皮をこそげ、斜め薄切りにする。水にさらして、水気をきり、ペーパータオルでふく。かたくり粉をまぶす。ボールにAを合わせる。

2. 小さめのフライパンに油を温め、ごぼうを中火で揚げ焼きにする。焼き色がついたらとり出し、Aにつける。一味とうがらしをふる。

しいたけのソテー

たまねぎの甘味とよく合います

36kcal

材料

しいたけ …………… 3個
たまねぎ …………… 20g
サラダ油 ……… 小さじ1/2
A | 酒 ………… 小さじ1
　| しょうゆ … 小さじ1/2

作り方

1. しいたけは石づきをとり、5mm幅に切る。たまねぎは5mm幅に切る。
2. フライパンに油を温め、たまねぎを中火で炒める。油がまわったら、しいたけを加え、軽く色づくまで炒める。Aを加え、汁気がなくなるまで混ぜる。

子ども

しいたけのマヨコーン焼き

コロンとした見た目がかわいい!

111kcal

材料

- しいたけ ･･････････････ 3個
- コーン(ホール) ･･････････ 20g
- 小麦粉 ･･････････ 小さじ1/2
- マヨネーズ ･････ 大さじ1/2
- パン粉 ････････････ 大さじ1/2
- サラダ油 ･････････････ 小さじ1

Memo コーンは小麦粉をまぶし、水気をしっかりとるのがポイント。しいたけからコーンがはずれてしまうのを防げます。

作り方

1. コーンはペーパータオルで水気をふき、ボールに入れて小麦粉をまぶす。マヨネーズを加えて混ぜる。

2. しいたけは軸をとる。かさに**1**を詰め、パン粉をつける。

3. フライパンに油を温め、**2**をパン粉側を下にして並べ、中火で焼く。焼き色がついたら裏返し、しいたけ側も色よく焼く。

野菜のおかず / きのこ

きのこのしょうが風味

きのこの組み合わせはお好みで。やさしい味わいです

22kcal

材料

えのきだけ ····· 1/2袋(50g)
しいたけ ················· 2個

A
- しょうがのすりおろし
  ············ 小さじ1/2
- 砂糖 ········ 小さじ1/4
- 酒 ··········· 小さじ1/2
- しょうゆ ····· 小さじ1

作り方

1 えのきは根元を除き、長さを3等分にしてほぐす。しいたけは軸をとり、3mm幅に切る。

2 耐熱容器にAを合わせ、えのき、しいたけを加えて混ぜる。ラップをかけ、電子レンジで約1分30秒(500W)加熱する。

★ 汁気をきって詰める。

レンジ

きのこのマリネ
多めに作って、作りおきもおすすめです

55kcal

材料

エリンギ… 1/2パック（50g）
しめじ …………………… 30g

A
- 酢 …………… 小さじ1
- オリーブ油 …… 小さじ1
- 砂糖 ………………… 少々
- 塩・こしょう … 各少々

作り方

1. エリンギは長さを半分に切り、縦2〜4つ割りにする。しめじは根元を除き、小房に分ける。

2. 耐熱容器にAを合わせ、エリンギ、しめじを加えてよく混ぜる。ラップをかけ、電子レンジで約1分（500W）加熱する。全体をよく混ぜ、再度電子レンジで約1分加熱する。

★ 汁気をきって詰める。

あると便利な
Stockおかず

もどしたり漬けたりするのに時間のかかるおかずや、
忙しい朝には手が回らないデザート…。まとめて週末に作りおきしませんか?
冷蔵庫に一品あるだけで、心にゆとりがうまれます。
＊このコーナーではふつうサイズ(直径約24cm)のフライパンを使っています。

冷凍OK　冷蔵で3〜4日

きのこわさび

お弁当のちょっとした
すきまに便利

材料(4食分)

しいたけ	8個
しめじ	1パック(100g)
A　砂糖・しょうゆ	各大さじ1
酒・みりん	各大さじ2
練りわさび	小さじ1/2

作り方　調理時間15分／1食分39kcal

1. しいたけは軸をとり、1cm角に切る。しめじは根元を除き、小房に分ける。
2. 鍋にAを合わせ、しいたけ、しめじを入れて火にかける。煮立ったら弱火にして、時々混ぜながら、煮汁がなくなるまで約8分煮る(ふたはしない)。
3. 火を止め、わさびを加えて全体を混ぜる。

材料（4食分）

甘塩さけ … 2切れ（160g）
 酒 ………… 大さじ1/2
れんこん ………… 100g
サラダ油 ……… 小さじ2
A ｜ 水 ………… 100mℓ
 ｜ 砂糖・酒
 ｜ …… 各大さじ1/2
 ｜ しょうゆ … 大さじ2
 ｜ 酢 ………… 大さじ3

作り方　調理時間20分（つける時間は除く）
1食分119kcal

1. さけは1切れを4等分に切り、酒大さじ1/2をふって約5分おく。
2. れんこんは皮をむき、2mm厚さの半月切りにする。水にさらして水気をきる。小鍋にAを合わせて、ひと煮立ちさせ、保存容器に移す。
3. フライパンに油小さじ1を温め、れんこんを強めの中火でさっと炒める。熱いうちにAにつける。
4. さけの汁気をペーパータオルでふく。フライパンに油小さじ1をたし、さけの両面を中火で焼き色がつくまで焼く。熱いうちにAにつけ、30分以上おく。

さけの焼きびたし

漬けるほどになじみ、味わいが増します

冷蔵で
3〜4日

冷蔵で
3〜4日

切り干しだいこんと大豆の"まだか"漬け

冷凍OK

宮崎県の郷土料理。漬けあがりが「まだか」と待ち遠しいのが由来です

材料（4食分）

切り干しだいこん ……… 30g
大豆（水煮） ……………… 50g
にんじん ………………… 30g
A ┃ 砂糖・みりん
　┃　………… 各大さじ1
　┃ しょうゆ … 大さじ1・1/2
　┃ 水 ……………… 大さじ3
酢 ……………… 大さじ1・1/2

作り方
調理時間10分
（おく時間は除く）
1食分63kcal

1 切り干しだいこんはさっと洗い、水気をしぼり、食べやすい長さに切る。にんじんは4〜5cm長さの細切りにする。

2 耐熱容器にAを合わせる。切り干しだいこん、大豆、にんじんを加え、ラップをかけて、電子レンジで約2分（500W）加熱する。酢を加えて混ぜ、30分以上おく。

ひじきと
こんにゃくのピリ辛煮

定番常備菜にラー油を加えて、ピリ辛味にアレンジ！

材料（4食分）

- 芽ひじき（乾燥）……10g
- つきこんにゃく……150g
- にんじん……30g
- ごま油……大さじ1/2
- A
  - 砂糖・しょうゆ……各大さじ1
  - ラー油…小さじ1/2

作り方
調理時間15分（もどす時間は除く）
1食分40kcal

1. ひじきはたっぷりの水につけ、表示どおりにもどす。ざるにとって水気をきる。
2. こんにゃくは4～5cm長さに切る。熱湯でゆで、ざるにとって水気をきる。にんじんは3cm長さのたんざく切りにする。
3. Aは合わせる。
4. フライパンにごま油を温め、1、2を入れて中火で約2分炒める。Aを加え、弱めの中火で約3分、汁気がなくなるまで煮つめる。

冷凍時の注意点

冷凍OKマークのついたおかずは、冷凍保存も可能。ただし、家で作ったおかずを凍ったままお弁当に詰めるのは避け（菌が繁殖しやすい）、必ず加熱解凍し、さましてから詰めます。

冷蔵で5日

冷蔵で3〜4日 冷凍OK

はんぺんミートローフ

はんぺんを加えてやわらかく。
ソースやケチャップをかけても◎

材料（4食分）

- とりひき肉 ………… 150g
- はんぺん ………… 50g
- にんじん ………… 30g
- しいたけ ………… 2個
- 万能ねぎ …… 2〜3本（10g）
- かたくり粉 ………… 小さじ1/2
- A
  - 塩 ………… 小さじ1/6
  - しょうゆ … 小さじ1/2
  - 酒 ………… 小さじ1
  - こしょう ………… 少々
- クッキングシート
  - （25×20cm）……… 2枚

作り方　調理時間20分　1食分81kcal

1. にんじんは5〜6mm角に切る。ラップに包み、電子レンジで約1分（500W）加熱する。しいたけは軸をとり、5〜6mm角に切る。万能ねぎは小口切りにする。すべての野菜をボールに入れ、かたくり粉をまぶす。

2. 別のボールにはんぺんを入れ、フォークで細かくつぶす。ひき肉、Aを加えてよく混ぜる。1を加え、さらに混ぜる。

3. クッキングシートを横長に広げて2の半量をのせ、直径3〜4cmの棒状にまとめる。シートで包んで、端をねじってとめる。2本作る。耐熱皿にのせ、電子レンジで5〜6分加熱し（途中で上下を返す）、そのままさす。

冷凍OK　冷蔵で3〜4日

りんごとレーズンのコンポート

マーマレードのほどよい酸味が効いています

材料（4食分）

りんご ……………… 1個
レーズン
　……… 大さじ1 (10g)
オレンジマーマレード
　……………… 大さじ1

作り方　調理時間10分　1食分55kcal

1. りんごは6〜8等分のくし形に切り、皮をむく。芯を除いて、半分に切る。
2. 耐熱容器にりんご、レーズンを入れ、マーマレードをかける。ラップをふんわりとかけ、電子レンジで約3分（500W）加熱する。上下を返し、さらに2〜3分加熱する。

ストックおかずをお弁当に詰める前に…

ストックおかずを冷蔵保存した場合も、お弁当に詰める前にしっかり温め直し、さましてから詰めましょう。電子レンジを使うと手軽です。

あると便利な
Stock食材 〜お弁当のすきま埋め編〜

お弁当のすきま埋め対策として、
ストックしておくと便利な市販食材を紹介します。
上手に活用して、毎日ムリなくお弁当作りを続けましょう。

冷凍枝豆

お弁当の青味に。市販の自然解凍OKのタイプなら、凍ったまま詰めることができる。

冷凍たこ焼き

お好み焼きもおすすめ。余分に焼いて冷凍しておくと便利です

ひと口サイズで食べやすい。お弁当のすきまにぎゅっと詰められる。

煮豆

きんとき豆 　　黒豆

和食弁当のすきまに。甘い味のおかずで、箸休めになる。もちろん手作りのものでもOK（→p.73）。

ミニカップゼリー

子どもに人気。ゼリーのほか、ミニカップに入った冷凍のもずく酢などもある。

> のどにつまりやすいので小さい子どもや高齢者は特に注意！

ドライフルーツ

かみごたえがあるので、少量でも満足感がある。ミネラルや食物繊維などの栄養価も◎。

ドライあんず 　　ドライプルーン

> 黒こしょう味やナッツ入りなど、いろいろな種類があります

キャンディーチーズ

そのまま詰められて、見た目もかわいい。お弁当に不足しがちな、カルシウムの補給にも。

食塩相当量一覧（1食分）

ページ	料理名	食塩相当量

肉のおかず

ページ	料理名	食塩相当量
12	とり肉の青のりから揚げ	1.3g
14	とり肉のみそ照り焼き	1.6g
15	とり肉のマーマレード照り焼き	1.0g
16	とり肉のピリリ焼き	1.0g
17	タンドリーチキン	1.0g
18	チキン南蛮	1.5g
20	とり肉のナッツ炒め	1.0g
21	とり肉とアスパラガスのマヨ炒め	1.3g
22	ささみのチーズピカタ	1.1g
24	ささみの利休焼き	0.5g
25	ささみの梅照り焼き	1.8g
26	豚肉のしょうが焼き	1.0g
28	ぽん酢で酢豚	2.4g
30	豚肉のみそ炒め	1.3g
31	豚肉のマリネ風炒め	1.2g
32	豚肉のカリカリ揚げ	0.8g
34	パプリカチーズの肉巻き	1.9g
35	かぼちゃの肉巻き	1.4g
36	ヒレ肉の粒マスタードソテー	0.8g
37	ヒレ肉のゆずこしょう焼き	0.6g
38	ゆで豚のぽん酢あえ	1.3g
39	ゆで豚のごまみだれ	1.6g
44	オクラの肉巻き	1.9g
46	チンジャオロースー	1.2g
48	牛肉のプルコギ風	1.4g
49	牛肉のねぎごまあえ	1.4g
50	ハッシュドビーフ	2.0g
52	牛肉のすき煮	1.4g
53	牛肉とセロリのきんぴら味	1.4g
54	コーンハンバーグ	1.5g
56	ドライカレー	1.2g
57	韓国風そぼろ	1.0g
58	しいたけの肉詰め	0.4g
60	なす入り甘からつくね	1.0g
61	えのき入りみそつくね	1.1g
62	とりそぼろ	2.8g

缶詰・練りもの・豆・大豆製品のおかず

ページ	料理名	食塩相当量
64	ピーマンのツナ詰め	0.8g
66	ツナのふわふわナゲット	1.6g
68	ちくわのいかもどき	1.9g
69	ちくわとピーマンのみそ炒め	1.4g
70	はんぺんのしそチーズサンド	2.0g
72	かんたんチリコンカン	1.2g
73	大豆とさつま揚げの甘から煮	1.6g
74	油揚げのチャンプルー	1.1g
75	小松菜のきつね巻き	0.9g
76	厚揚げマーボーどうふ	1.5g

夕ごはん→お弁当のラクラクアレンジ

ページ	料理名	食塩相当量
82	あじの南蛮漬け	1.3g
83	あじそぼろ	3.2g
84	えびマヨ	0.7g
85	えびのおにぎりサンド	1.5g
86	肉じゃがコロッケ	1.0g
87	肉じゃがオムレツ	1.1g
88	肉じゃがホットサンド	1.5g

魚介のおかず

ページ	料理名	食塩相当量
90	さけの磯辺焼き	0.7g
92	さけのハーブパン粉焼き	0.9g
94	さけの竜田揚げ	0.9g
95	さけのマヨみそ焼き	0.7g
96	白身魚のカレームニエル	0.6g
98	白身魚の変わり揚げ	0.8g
100	白身魚のソテー 梅ソース	1.7g
101	白身魚のしそ巻き天ぷら	0.9g
102	ぶりのぽん酢照り焼き	1.3g
103	ぶりの韓国風照り焼き	1.5g
104	まぐろのオイスター風味	1.4g
105	まぐろの南蛮漬け	1.0g
106	えびのケチャップ炒め	1.9g
108	えびのかき揚げ	0.8g
109	えびとブロッコリーの塩炒め	1.5g
110	シーフードのすし酢マリネ	1.7g
112	ほたてのマヨしょうゆ焼き	1.0g
113	ほたてのコーン炒め	0.7g

一品弁当

ページ	料理名	食塩相当量
114	しょうが豚丼	1.4g
116	牛ごぼうごはん	2.1g
117	ピーマンと焼き豚のサンド	2.1g
118	マカロニナポリタン	2.2g
120	中華風焼きうどん	3.6g

卵のおかず

ページ	料理名	食塩相当量
122	にんじんオムレツ	1.4g
123	パセリチーズオムレツ	1.0g

124 しらす卵焼き	1.0g
125 なめたけ卵焼き	1.0g
125 青のり卵焼き	0.8g
126 コーンいり卵	0.9g
127 かに玉風いり卵	1.0g
128 かんたんキッシュ	0.9g
129 卵の袋煮	1.5g
130 うずら卵のカレーしょうゆ煮	1.2g

野菜のおかず

132 にんじんとツナのサラダ	0.7g
133 にんじんのごまみそあえ	0.7g
134 にんじんのソース炒め	0.5g
135 にんじんの梅サラダ	1.2g
136 ミニトマトの塩こんぶ風味	0.2g
137 ミニトマトのハニーピクルス	1.5g
138 パプリカのくたくた煮	1.7g
138 パプリカの粒マスタードあえ	0.5g
139 パプリカのピーナッツあえ	0.4g
139 焼きパプリカのマリネ	0.4g
140 かぼちゃの煮つけ風	1.4g
141 シナモンかぼちゃ	0.1g
142 さつまいもの オレンジジュース煮	0.0g
143 さつまいものピリ辛煮	1.7g
144 さつまいものごま塩炒め	0.5g
145 じゃがいものベーコン炒め	0.9g
146 揚げないポテト	0.2g
147 レンジで粉ふきいも	0.5g
148 かんたん肉じゃが	1.4g
149 じゃがいものカレー煮	0.5g
154 ピーマンのじゃこ炒め	0.7g
155 ピーマンとソーセージの ケチャップ炒め	0.7g
156 アスパラガスのオイスター炒め	0.3g
157 アスパラガスのおかかまぶし	0.5g
158 さやいんげんのごまマヨあえ	0.5g
159 さやいんげんの梅煮	3.6g
160 ゴーヤと桜えびの炒めもの	1.2g
161 オクラのわさびじょうゆあえ	0.5g
161 オクラのみそコーン炒め	0.7g
162 ブロッコリーのからしあえ	0.6g
163 ブロッコリーのチーズ焼き	0.2g
164 小松菜としめじのぽん酢炒め	0.5g
165 小松菜のピリ辛炒め	0.9g
166 キャベツのカレー炒め	1.0g
167 キャベツとコンビーフのレンジ蒸し	0.9g
167 キャベツのナムル	0.9g
168 れんこんのかか煮	1.0g
169 甘酢れんこん	0.6g
170 かぶのオイルマリネ ゆずこしょう風味	0.2g
171 かぶのめんたい炒め	0.6g
172 だいこんのきんぴら	1.3g
173 長いものゆかりあえ	1.0g
173 長いものごまみそ焼き	1.0g
174 なすのケチャップ煮	1.3g
175 なすのベーコン焼き	0.5g
176 たたきごぼうのサラダ	0.6g
177 ごぼうの甘辛焼き	0.4g
178 しいたけのソテー	0.4g
179 しいたけのマヨコーン焼き	0.3g
180 きのこのしょうが風味	0.9g
181 きのこのマリネ	0.5g

あると便利なStockおかず

182 きのこわさび	0.7g
183 さけの焼きびたし	1.4g
184 切り干しだいこんと大豆の "まだか"漬け	1.1g
185 ひじきとこんにゃくのピリ辛煮	0.7g
186 はんぺんミートローフ	—
187 りんごとレーズンのコンポート	0.0g

1日にとる食塩相当量の目標量
(日本人の食事摂取基準(2015年版)より)

	男性	女性
1～2歳	3.0g未満	3.5g未満
3～5歳	4.0g未満	4.5g未満
6～7歳	5.0g未満	5.5g未満
8～9歳	5.5g未満	6.0g未満
10～11歳	6.5g未満	7.0g未満
12歳以上	8.0g未満	

＊お弁当おかずは、味つけを濃いめにすることが多く、塩分量が高くなりがちです。その分、朝食や夕食で塩分を控えるようにしましょう。

ベターホーム協会
1963年創立。「心豊かな質の高い暮らし」を目指し、日本の家庭料理や暮らしの知恵を、生活者の視点から伝えています。活動の中心である「ベターホームのお料理教室」は全国で開催。毎日の食事作りに役立つ調理技術とともに、食品の栄養、健康に暮らすための知識、環境に配慮した知恵などをわかりやすく教えています。

料理研究	ベターホーム協会（網野 睦・宗像陽子）
撮影	柿崎真子
スタイリング	青野康子（p.40〜43、82〜88、114〜120、150〜153）
イラスト	今井夏子
ブックデザイン	Sparrow Design（林 陽子・尾形 忍）
校正	武藤結子
編集	ベターホーム協会（中村天真）

朝さっと作るお弁当125

初版発行　2016年3月1日
5刷　　　2018年4月5日

編集・発行　ベターホーム協会
〒150-8363
東京都渋谷区渋谷 1-15-12
〈編集〉Tel. 03-3407-0471
〈出版営業〉Tel. 03-3407-4871
http://www.betterhome.jp

ISBN978-4-86586-020-7
乱丁・落丁はお取替えします。本書の無断転載を禁じます。
© The Better Home Association, 2016, Printed in Japan